La antigua Grecia para adolescentes

Una guía apasionante de los principales acontecimientos y personajes de la historia de Grecia

© Copyright 2024

Todos los derechos reservados. Ninguna parte de este libro puede ser reproducida de ninguna forma sin el permiso escrito del autor. Los revisores pueden citar breves pasajes en las reseñas.

Descargo de responsabilidad: Ninguna parte de esta publicación puede ser reproducida o transmitida de ninguna forma o por ningún medio, mecánico o electrónico, incluyendo fotocopias o grabaciones, o por ningún sistema de almacenamiento y recuperación de información, o transmitida por correo electrónico sin permiso escrito del editor.

Si bien se ha hecho todo lo posible por verificar la información proporcionada en esta publicación, ni el autor ni el editor asumen responsabilidad alguna por los errores, omisiones o interpretaciones contrarias al tema aquí tratado.

Este libro es solo para fines de entretenimiento. Las opiniones expresadas son únicamente las del autor y no deben tomarse como instrucciones u órdenes de expertos. El lector es responsable de sus propias acciones.

La adhesión a todas las leyes y regulaciones aplicables, incluyendo las leyes internacionales, federales, estatales y locales que rigen la concesión de licencias profesionales, las prácticas comerciales, la publicidad y todos los demás aspectos de la realización de negocios en los EE. UU., Canadá, Reino Unido o cualquier otra jurisdicción es responsabilidad exclusiva del comprador o del lector.

Ni el autor ni el editor asumen responsabilidad alguna en nombre del comprador o lector de estos materiales. Cualquier desaire percibido de cualquier individuo u organización es puramente involuntario.

Índice

INTRODUCCIÓN 1
CAPÍTULO 1: INTRODUCCIÓN A LA ANTIGUA GRECIA 3
CAPÍTULO 2: DIOSES Y DIOSAS DEL OLIMPO 18
CAPÍTULO 3: EL ASCENSO DE ATENAS DE CIUDAD-ESTADO A IMPERIO 29
CAPÍTULO 4: CONVERTIRSE EN ESPARTANO 40
CAPÍTULO 5: LAS GUERRAS PERSAS: MARATÓN Y LAS TERMÓPILAS 51
CAPÍTULO 6: LA EDAD DE ORO DE ATENAS: ARTE, FILOSOFÍA Y DEMOCRACIA 63
CAPÍTULO 7: LA GUERRA DEL PELOPONESO 74
CAPÍTULO 8: ALEJANDRO MAGNO 85
CAPÍTULO 9: LA ÉPOCA HELENÍSTICA 97
CAPÍTULO 10: CIENCIA Y TECNOLOGÍA GRIEGAS 109
CLAVE DE RESPUESTAS PARA LAS ACTIVIDADES DE REPASO 118
BIBLIOGRAFÍA 125
FUENTES DE IMAGENES 128

Introducción

Cuando piensas en la antigua Grecia, ¿qué te viene a la mente? ¿Grandes filósofos como Sócrates y Platón? ¿Templos majestuosos con columnas elegantes y estatuas de mármol? ¿Gente que vestía ropas largas y ostentosas? ¿El nacimiento de la democracia? La antigua Grecia era todo eso y mucho más.

La antigua Grecia nunca fue un país unido. El sur de Grecia formó una alianza para expulsar a los persas, pero no creó un gobierno central. Los griegos se unieron brevemente bajo Alejandro Magno, pero Esparta no estaba de acuerdo. La antigua Grecia era un grupo de ciudades-estado poderosas e independientes a las que les encantaba luchar entre sí. Cuando no se estaban matando, los antiguos griegos hacían cosas increíbles.

Los griegos escribieron poesía épica, construyeron colonias alrededor del Mediterráneo e inventaron los Juegos Olímpicos. Una vez cada cuatro años, dejaban de luchar entre ellos para correr carreras vestidos como cuando vinieron al mundo. Así fue, la ropa era solo opcional. Y no nos olvidemos de la filosofía. Algunas cosas eran un poco locas, pero no por ello dejaban de ser impresionantes. La búsqueda griega de la sabiduría influyó en cómo pensamos y gobernamos hoy en día. Crearon la idea de la democracia y avanzaron en la ciencia. Leucipo y Demócrito descubrieron que los átomos en constante movimiento forman toda la materia. ¿Cómo llegaron a darse cuenta de eso?

Las antiguas civilizaciones griegas eran famosas por alcanzar alturas asombrosas hasta que todo se derrumbaba. Pero nunca se quedaron en el suelo. Resurgían de sus cenizas, se sacudían el polvo y volvían a la lucha, más brillantes que nunca. Cuando Jerjes marchó sobre Grecia con su enorme ejército, los griegos resistieron. Y lo decimos literalmente. Seis mil espartanos resistieron a los persas durante tres días, sacrificándose para dar tiempo al sur de Grecia a organizar una defensa.

El propósito de este libro es llevarte en un viaje entretenido y esclarecedor a través de la historia de la antigua Grecia. Nunca pienses que la historia es sólo un montón de datos y fechas que memorizar. La historia se basa en las vivencias de las personas. Algunos eran genios y otros estúpidos de remate. La mayoría eran un poco de ambos. En este viaje aprenderemos qué hizo excepcionales a los griegos. Este libro dará vida a sus historias, con todos sus defectos y sus inconcebibles victorias.

¿Para qué sirve leer historia? Algunos lo hacen por diversión; les parece fascinante. Y lo es, pero no es la única razón. Cuando entendemos el pasado, nos ayuda a darnos cuenta de por qué las cosas son como son hoy. Por ejemplo, ¿por qué la mayoría de los gobiernos actuales tienen un senado y dirigentes elegidos? Todo empezó en la antigua Atenas. La historia también nos enseña los **catalizadores del cambio.** ¿Qué provoca el cambio? ¿Qué lo acelera?

Viajemos en el tiempo para desentrañar la asombrosa historia de los antiguos griegos. Sigue el asombroso viaje de sus asombrosos inventos, descubrimientos, arte, arquitectura, filosofía, religión, guerras y política.

Capítulo 1: Introducción a la Antigua Grecia

En este capítulo se analizan las espectaculares características físicas de Grecia y se presenta al lector una cronología básica. A continuación, explorará la cultura de la antigua Grecia, centrándose en la Era Arcaica. Por último, se desenvolverá el legado perdurable de la antigua Grecia.

Geografía

Grecia es una tierra de encantadora belleza rodeada de mares centelleantes. Empinadas y escarpadas colinas y montañas cubren el 80% del territorio continental y las islas griegas. Las montañas planteaban un problema. A medida que la población crecía, resultaba más difícil alimentarla. Los griegos utilizaron **la agricultura en terrazas**, tallando una serie de salientes planos en las laderas de las colinas para plantar más cultivos. Sin embargo, incluso con estas terrazas, sólo una quinta parte de la tierra podía cultivar cebada, vides y olivos.

Aunque los antiguos griegos apacentaban ovejas y cabras en las montañas y colinas más altas, la falta de tierra no era el único problema de los agricultores. En Grecia casi no llueve en verano. En aquella época, la agricultura dependía de la lluvia y la nieve en invierno, pero eso era impredecible. Las malas cosechas eran frecuentes. Los agricultores perdían sus cosechas de cereales cada cuatro años aproximadamente. La deforestación y el pastoreo excesivo empeoraban las cosas.

A partir de la Edad Arcaica, Grecia empezó a enviar a algunos de sus habitantes para alimentar a los que quedaban. Estos colonos navegaban hacia costas lejanas del Mediterráneo. Cultivaban en tierras fértiles y enviaban el grano a Grecia. Por lo tanto, es justo decir que la antigua Grecia no era simplemente la tierra de la Grecia moderna. Era un imperio de colonias que se extendía desde la actual España al oeste y Rusia al este.

Un viñedo plantado en terrazas sobre una ladera escarpada[1]

Grecia está rodeada por el mar Jónico al oeste, el Egeo al este y el Mediterráneo al sur. Todo el país es una península gigantesca, y múltiples penínsulas más pequeñas se extienden como los tentáculos de un pulpo. Y luego están las islas. ¿Sabías que Grecia tiene seis mil islas? El antiguo pueblo cicládico de Grecia prosperó en las islas del mar Egeo, en el que trabajaban como pescadores y comerciantes. Practicaban la pesca submarina del atún en embarcaciones primitivas. Después, empezaron a construir barcos con cincuenta remeros, lo que les permitía pescar en alta mar. También podían navegar a otras tierras. Grecia se convirtió en uno de los principales pueblos comerciantes marítimos del mundo.

Algunas de las montañas de Grecia son volcanes activos. La lava se enfría y forma la obsidiana, un vidrio negro y afilado como una cuchilla. La obsidiana era un producto muy apreciado en el comercio. Los antiguos utilizaban la obsidiana para fabricar lanzas, puntas de flecha, cuchillos y otras herramientas. Las islas griegas también eran ricas en cobre, hierro, oro, plata y mármol. Grecia exportaba minerales, vino, lana, aceitunas y exquisita cerámica.

Vivir cerca de un volcán puede ser una pesadilla. Alrededor del año 1600 a. C., un volcán de la isla de *Thera* (actual Santorini) entró en erupción. Fue un gran desastre. Diez millones de toneladas de roca y ceniza salieron disparadas veinte millas (treinta y cinco kilómetros) por los aires. Su VEI (índice de explosividad volcánica) fue de siete. El VEI más alto es un ocho, pero no ha habido uno de esos en veintisiete mil años. La erupción minoica de Thera fue como la explosión simultánea de varias bombas atómicas.

Afortunadamente, los terremotos y otras señales debieron advertir a los habitantes de Thera de que algo grande estaba a punto de ocurrir. La mayoría de la gente debió de ponerse a salvo antes de la erupción, ya que se encontraron pocos cadáveres. Doscientos pies (sesenta metros) de piedra pómez y ceniza sepultaron a todos los que no huyeron a tiempo. El volcán provocó un gigantesco tsunami que inundó la costa norte de Creta, a casi 110 kilómetros de distancia. El tsunami arrasó sus espléndidas ciudades. Incluso llovió piedra pómez sobre Egipto, que se encontraba a 1.287 kilómetros de distancia.

Mapa de la antigua Grecia[2]

Cronología

Edad de Bronce (comenzó alrededor del 3200 a. C. en Grecia)

- Los minoicos se asentaron en la isla de Creta hacia el año 3500 a. C.
    - 2100 a. C.: El gran salto de los minoicos hacia una civilización compleja
        - Construyeron las primeras ciudades y palacios de Europa
        - Construyó la primera armada del mundo
        - Dominó los mares Egeo y Mediterráneo
        - Desarrolló el primer sistema de escritura de Europa, los jeroglíficos cretenses
    - 1800 a. C.: Los minoicos desarrollaron la escritura lineal A con un alfabeto fonético
    - 1700 a. C.: Los terremotos destruyeron la mayoría de las ciudades de Creta, pero fueron reconstruidas.
    - 1600 a. C.: Erupción minoica en la isla de Thera
    - Figuras talladas en mármol de mujeres con cuellos largos y sin parte inferior de las piernas
    - Enterraban a sus muertos en tumbas, lo que era avanzado para esta época en Grecia
- **Los micénicos, una potencia emergente hacia 1700 a. C.**
    - Prosperan en el sur de la península griega del Peloponeso y en el sur del continente
        - Comerciantes marítimos y piratas
        - Construyen puentes, complejos sistemas de irrigación y colosales murallas.
    - 1420 a. C.: Invadieron Creta. Destruyó la mayoría de las ciudades, pero restauró Cnosos.
    - Coexistieron con los minoicos en Creta hasta el colapso de la Edad de Bronce

- 1400 a. C.: Atenas se convierte en una ciudad micénica.
- Adaptación del sistema de escritura Lineal B del Lineal A minoico
- 1200 a. C.: La "mítica" guerra de Troya comenzó cuando los micénicos atacaron Troya en el noroeste de Turquía.
- **Colapso de la Edad de Bronce (a partir de 1200 a. C.)**
  - Muchas culturas cayeron en Grecia, Oriente Medio y el norte de África.
  - Las civilizaciones minoica, cicládica y micénica se hundieron.
  - La mayoría de las ciudades griegas cayeron, excepto Atenas; gran parte de la población griega murió.
  - Grecia perdió su sistema de escritura durante trescientos años.
  - ¿Causas?
    - Catástrofes medioambientales, como sequías, volcanes y terremotos.
    - Los "Pueblos del Mar", misteriosos piratas que atacaban las ciudades costeras y aplastaban el comercio marítimo.

La Edad Media (1200-900 a. C.)

Civilización geométrica (900-776 a. C.)

- Cerámica producida con diseños geométricos
- La población creció y volvieron a construirse ciudades.
- Los griegos empezaron a fundir hierro en hornos de alto calor.
- 900 a. C.: Los dorios reconstruyen Esparta

Período Arcaico (776-500 a. C.)

- 776 a. C.: Los primeros Juegos Olímpicos inauguran el periodo Arcaico
- 770 a. C.: Comienza un nuevo sistema de escritura basado en el alfabeto fenicio.

- o Más de la mitad de las letras están hoy en nuestro alfabeto.
- o Los griegos comenzaron a escribir poesía épica.
  - Homero escribió la *Ilíada* y la *Odisea*.
  - Hesíodo escribió *Teogonía* y *Trabajos y días*.
- 750-550 a. C.: Las ciudades-estado griegas establecen colonias en el Mediterráneo, el mar Egeo, el mar Jónico y el mar Negro.
- 650 a. C.: Esparta aplasta la revuelta de Mesenia.
- 621 a. C.: Draco redacta el primer código legal de Atenas.
- 594 a. C.: Solón redacta la primera constitución de Atenas.
- 580 a. C.: Comienzan las guerras púnicas, que continuarán de forma intermitente durante las épocas clásica y helenística.
- 550 a. C.: Esparta establece la Liga del Peloponeso con Corinto, Elis y Tegea.
- 547 a. C.: Comienzan las guerras con el Imperio persa, que se prolongan durante más de un siglo.
- 508 a. C.: Clístenes lleva la reforma democrática a Atenas.

Los velocistas en los Juegos Olímpicos; fíjate en el nuevo sistema de escritura griega sobre los corredores[a]

Periodo clásico (480-356 a. C.)

- Edad de Oro de Atenas (480-404 a. C.)
- La coalición griega obtuvo una gran victoria sobre los persas.
    - 480 a. C.: Batalla de las Termópilas - Espartanos contra un enorme ejército persa
    - 479 a. C.: La coalición griega derrota a los persas en la batalla naval de Mícala.
- 477 a. C.: Las ciudades-estado griegas forman la Liga de Delos.
    - Mantienen a los persas fuera del mar Egeo durante quince años.
    - Liberan los mares de los piratas dolopios que atacaban a los mercaderes griegos
    - 460 a. C.: Grecia sufrió una gran pérdida al defender Egipto de Persia.
- 460-445 a. C.: Comienza la primera guerra del Peloponeso entre Esparta y Atenas.
- 451 a. C.: Enfrentamiento final entre Grecia y Persia en Chipre.
    - Los griegos aplastaron la flota persa.
    - Treinta años de paz en Calais
- 431-404 a. C.: segunda guerra del Peloponeso
    - 430 a. C.: La peste golpea Atenas, matando a un tercio de la población.
    - 404 a. C.: Atenas finalmente se rindió a Esparta.
- 399 a. C.: Sócrates fue obligado a suicidarse.
- 395-386 a. C.: guerras corintias entre Esparta y una alianza de Corinto, Tebas, Atenas, Argos y Beocia.
- 387 a. C.: Los persas firman la Paz del Rey con Esparta, Atenas, Argos, Corinto y Tebas.
- 379 a. C.: Tebas subió al poder.
    - 375 a. C.: Tebas derrota a Esparta en la batalla de Tegira.
    - 371 a. C.: Batalla de Leuctra: Tebas pulveriza las fuerzas espartanas.

- Tebas invade Tesalia y Macedonia, tomando de rehén al joven príncipe Filipo II.

Conquista macedonio-griega del Imperio persa (356-323 a. C.)

- Filipo II de Macedonia
  - 359 a. C.: Se convierte en rey de Macedonia
  - 358-340 a. C.: Conquista de Tracia y otras tierras al norte de Grecia
  - 352 a. C.: Se convierte en gobernante vitalicio de Tesalia, en el norte de Grecia.
  - 338 a. C.: Gana la batalla de Queronea y obtiene el control de toda Grecia excepto Esparta.
  - 337 a. C.: Todas las ciudades-estado griegas (excepto Esparta) forman la Liga de Corinto.
    - Objetivo: una conquista coordinada macedonio-griega del Imperio persa.
    - Se envía una avanzadilla de diez mil hombres a Jonia (costa occidental de Turquía)
  - 336 a. C.: Filipo fue asesinado por su examante y guardaespaldas.
- Alejandro Magno
  - 336 a. C.: Se convierte en rey de Macedonia, Tracia y Grecia tras la muerte de su padre.
  - 336-335: Reunificación de la Liga de Corinto tras la retirada de Tracia, Atenas, Tebas y Tesalia.
  - 334 a. C.: Marchó a Turquía con un ejército de cuarenta mil hombres
  - 334-333 a. C.: Conquistó Turquía occidental
  - 332 a. C.: Toma el control del Líbano, Siria, Judea, Gaza y Egipto.
  - 331 a. C.: Luchó contra el rey persa Darío en Irak y ganó
    - Darío huyó; uno de sus gobernadores lo mató entonces.

- Alejandro gobernó entonces el antiguo Imperio persa-aqueménida.
- 330-324 a. C.: Alejandro conquistó Asia central
  - Se enamoró y se casó con Roxana, hija de un jefe bactriano
  - Exploró el subcontinente indio
- 323 a. C.: Alejandro enfermó y murió inesperadamente a la edad de treinta y dos años.

La época helenística (323-27 a. C.)

- 323-281 a. C.: guerras de los diadocos (generales de Alejandro) por el control del Imperio.
  - El Imperio estaba dividido en varias regiones.
  - Seleuco, el último general, fue asesinado en 281 a. C.
- La época helenística mezcló la cultura griega con elementos asiáticos y egipcios.
- 222 a. C.: Esparta pierde la batalla de Selasia contra Macedonia; la mayoría de los espartanos varones mueren.
- 215-205 a. C.: primera guerra macedónica; la Liga Etolia griega se alía con Roma contra Macedonia.
- 146 a. C.: Roma conquista la Liga Aquea griega en la batalla de Corinto.
  - Roma dominó entonces la Grecia continental.
  - Los griegos seguían gobernando Egipto y Turquía occidental.
- 89-85 a. C.: primera guerra mitridática; Roma contra la Turquía occidental controlada por los griegos.
  - El rey Mitrídates del Ponto (Turquía) se hizo con el control de la mayor parte de Grecia.
  - 87 a. C.: El cónsul de Roma, Sila, marchó sobre Grecia.
  - 86 a. C.: Atenas resiste, pero cae ante Roma.

Cultura

Los primeros autores conocidos de Grecia fueron Hesíodo y Homero. Ambos escribieron **poesía épica**, poemas largos que cuentan una historia. Los hombres y mujeres de los poemas épicos vivían grandes aventuras. Las historias solían estar protagonizadas por los dioses. Hesíodo y Homero escribieron al final de la Edad Media griega utilizando el nuevo alfabeto griego. Grecia perdió sus sistemas de escritura anteriores durante la Edad Media, que se utilizaban principalmente para llevar registros, no para la literatura.

La mitología griega cuenta que el héroe Cadmo llevó el alfabeto fenicio a Grecia. Los griegos lo modificaron para su propia lengua y se convirtió en el antepasado del alfabeto que utilizamos hoy.

Hesíodo y Homero introdujeron la literatura en Grecia. Sus historias procedían probablemente de antiguos relatos contados por la gente durante siglos. Homero escribió la *Ilíada* y *la Odisea* sobre la guerra de Troya y el largo viaje de Odiseo a casa después de la guerra.

Hesíodo afirmó ser un pastor que conoció a las nueve Musas, diosas de las artes, la literatura y la ciencia. Las Musas transformaron a Hesíodo en un poeta brillante. En su poema *Los trabajos y los días* narra la historia de la creación, el diluvio universal y las cinco edades del hombre. La primera era fue la **Edad de Oro**, cuando el dios Cronos creó a las personas. Todos eran buenos y se llevaban bien. Nadie conocía el dolor ni la tristeza. Comían fruta y verdura y no tenían que trabajar duro.

Escena de un jarrón con tres musas tocando un arpa y liras'

Todo se vino abajo cuando el dios Zeus derrocó a Cronos, lo que dio comienzo a la **Edad de Plata**. Ahora, la gente tenía que trabajar duro. Se peleaban y discutían entre ellos, pero aun así vivían mucho, al menos hasta los cien años. Luego vino la **Edad de Bronce**, cuando la gente pasó de ser vegetariana a comer carne. Este pueblo guerrero era tan corrupto, cruel y violento que Zeus los mató a todos en una inundación.

Sin embargo, Zeus mantuvo viva a una familia. Se dio cuenta de que Deucalión, su esposa Pirra y su hijo Heleno eran honrados y pacíficos. Antes de abrir las compuertas del cielo, Zeus le dijo a Deucalión que construyera un arca, la llenara de comida y se metiera dentro. Entonces llovió a cántaros, inundándolo todo y ahogando a todos los violentos. Nueve días después, la lluvia cesó. El arca descansaba en el monte Parnaso. Deucalión y su familia salieron a tierra firme e hicieron un sacrificio a Zeus. Los tres hijos de Heleno formaron las tribus aqueas, eólicas y dóricas, que repoblaron Grecia.

Estas tres tribus iniciaron la siguiente era, la Edad de los Héroes, cuando tuvo lugar la guerra de Troya. La última era fue la Edad de Hierro, cuando vivió Hesíodo. Dijo que la gente de su época era brutal y egocéntrica. Siempre estaban cansados y deprimidos. Hesíodo advirtió que si la gente no cambiaba, Zeus también destruiría esta era.

Durante la "Edad de los Héroes", la ciudad de Micenas, en el sur de Grecia, fue el centro de la civilización micénica. Algunas de sus enormes murallas de seis metros de grosor, construidas alrededor del año 1250 a. C., siguen en pie. Las piedras de las murallas eran colosales. Más tarde, los griegos observaron estas rocas y decidieron que, incluso trabajando juntos, los humanos no

La Puerta del León de Micenas se construyó hace casi 3.300 años[6]

podrían haberlas levantado. "¡Sólo los cíclopes pudieron hacerlo!", exclamaron. Los Cíclopes eran gigantes míticos de un solo ojo, devoradores de hombres. La puerta de Micenas tiene un dintel de veinte toneladas sostenido por dos rocas de tres metros. Se llama Puerta de los Leones por la talla de dos leones sobre el dintel. Incluso hoy en día, la gente mira esta estructura y se pregunta cómo consiguieron los antiguos humanos subir esas piedras hasta allí.

Como ya se ha mencionado, los griegos establecieron colonias alrededor de los mares Mediterráneo, Egeo, Jónico y Negro. Estos mares eran las autopistas de comunicación del mundo antiguo. ¿Cómo influyó este mestizaje cultural en el arte y la cultura? Los pueblos aprendían unos de otros compartiendo ideas sobre pintura, escultura, cerámica y metalistería. Las colonias griegas abrieron escuelas en las que se enseñaba a los estudiantes a combinar las ideas griegas con el arte egipcio y de Oriente Próximo. En estas escuelas se enseñaba a hacer cerámica, tallar marfil, tallar gemas, fabricar joyas y trabajar el metal.

Vaso ánfora de Corinto con un león silueteado[6]

Las ciudades griegas de la Antigüedad celebraban competiciones. ¿Quién podía construir los templos más grandiosos y elegantes? La *poesía lírica* se popularizó en la época arcaica. Se trataba de poemas cortos sobre emociones y romances cantados al son de la *lira* (algo parecido a un arpa pequeña). Los principales centros artísticos de Grecia eran Corinto, Atenas y Esparta. Los corintios pintaban siluetas de plantas y animales. Los vasos atenienses tenían escenas mitológicas. Los espartanos producían exquisitas tallas de marfil.

Los filósofos de la Grecia arcaica hicieron grandes avances en muchos campos. Tales de Mileto, el "padre de la ciencia", aprendió a predecir los eclipses solares. Explicó el diámetro de un círculo y la igualdad de los ángulos de la base de un triángulo isósceles. Los antiguos griegos creían que el dios Atlas sostenía el mundo sobre sus hombros. Anaximandro, alumno de Tales, sorprendió a todos cuando dijo que el mundo flotaba libre en el universo. El alumno de Anaximandro, Anaxímenes, enseñó que los planetas no eran lo mismo que las estrellas. Lo descubrió observando sus movimientos a lo largo del tiempo.

Pitágoras dijo que la Tierra no era plana, sino una esfera, como una pelota. Desarrolló el teorema de Pitágoras para un triángulo de noventa grados ($a^2 + b^2 = c^2$). Heráclito de Éfeso habló del *logos*. Decía que era una fuerza invisible que dirigía el universo. Las personas deben estar en armonía con *el logos* para comprender la realidad.

Legado

El político y comandante griego Pericles dijo: "Lo que dejas atrás no es lo que se graba en monumentos de piedra, sino lo que se teje en la vida de los demás". El legado de los antiguos griegos está sin duda entretejido en nuestras vidas de hoy. Estamos en deuda con ellos por sus ideas y descubrimientos en arte, arquitectura, filosofía, astronomía, medicina y matemáticas. Cuando los griegos intercambiaron ideas y conocimientos por todo el Mediterráneo y Asia, dieron a luz a eruditos que impulsaron la ciencia, las matemáticas y la medicina. Llevaron el conocimiento en muchos campos a nuevas cotas.

Grecia influyó en la religión, la política, la filosofía, las artes y la ciencia romanas. Hoy en día, esta fusión de culturas se denomina civilización clásica o cultura grecorromana. Esta cultura grecorromana influyó en los eruditos y artistas renacentistas de Europa occidental. Los artistas griegos retrataban la forma humana con realismo en sus esculturas, mosaicos y pinturas, y los artistas renacentistas copiaron este estilo. Los majestuosos pilares que caracterizan la arquitectura griega siguen adornando edificios gubernamentales, iglesias y mansiones. La antigua Atenas y otras ciudades-estado griegas fueron pioneras de la democracia, que dejó su impronta en múltiples naciones actuales.

Actividad de repaso: Juego cronológico - ¿Qué pasó en qué momento?

¿Recuerdas bien el orden de los acontecimientos clave de la historia de la antigua Grecia? Numera estos acontecimientos fundamentales de la historia de la antigua Grecia en el orden correcto.

- ( ) Una catastrófica erupción volcánica acaba con toda la vida en la isla de Thera.
- ( ) Una horrible plaga mata a un tercio de la población de Atenas.
- ( ) Batalla de Corinto: Roma conquista la Liga Aquea griega.
- ( ) Clístenes lleva la reforma democrática a Atenas.
- ( ) Primeros Juegos Olímpicos.
- ( ) La Edad Media griega.
- ( ) Los minoicos desarrollan el primer sistema de escritura de Grecia, el Lineal A.
- ( ) La Liga Griega de Corinto se forma para invadir el Imperio persa bajo Alejandro.
- ( ) Los griegos se unen para aplastar a la flota persa en la batalla naval de Mícala.
- ( ) Cuando muere Alejandro Magno, sus generales luchan por el control en las guerras de los diadocos.

Consulta la clave de respuestas al final del libro, justo antes de la bibliografía. ¿Qué tal lo hiciste?

Capítulo 2: Dioses y diosas del Olimpo

La intriga giraba en torno a una joven de increíble belleza llamada Helena. En *la Ilíada* y *la Odisea*, Homero dice que era hija del dios Zeus y de la reina Leda de Esparta. Los príncipes y reyes solteros de Grecia se reunieron en Esparta con regalos. Cada hombre esperaba hacer de Helena su novia. Por supuesto, Helena no tenía nada que decir al respecto. Dependía del hombre al que llamaba padre: Tindáreo, esposo de Leda y rey de Esparta.

El sudor goteaba de la frente del rey Tindáreo. ¿A quién debía elegir? No importaba a quién eligiera, todos los demás se enfadarían. ¿Y si atacaban Esparta?

Odiseo, el astuto príncipe de Ítaca, acudió al rescate. Era uno de los pocos hombres en Grecia que no estaba interesado en casarse con Helena. Estaba locamente enamorado de Penélope, la hija del otro rey de Esparta, Icario. Sí, Esparta tenía dos reyes; hablaremos de eso más tarde. Odiseo le dijo a Tindáreo que le ayudaría con su problema con Helena si le hablaba bien sobre él a Icario. Los dos hombres estuvieron de acuerdo y Odiseo le dio su consejo.

"Todos los hombres que quieran casarse con Helena deben hacer un juramento sagrado. Deben jurar defender el matrimonio de Helena con quien tú elijas. Deben jurar que, pase lo que pase, no te atacarán a ti ni al hombre al que elijas para ser su esposo. Además, si alguien le roba a

Helena al marido que elijas, todos los demás deben jurar traerla de vuelta".

"¿Fue éste el rostro que lanzó mil barcos? Dulce Helena, ¡hazme inmortal con un beso!" - Christopher Ilowe[7]

Tindáreo hizo que todos prestaran juramento y sacrificaron un caballo para sellar el acuerdo. Tindáreo eligió a Menelao, príncipe de Micenas, como esposo de Helena. Helena había esperado en secreto que eligiera a Menelao, así que respiró aliviada. Menelao y Helena se casaron. Tuvieron varios hijos y vivieron felices juntos durante diez años. Tindáreo convenció a su homólogo en el reinado de Esparta, Icario, para que diera a su hija Penélope en matrimonio a Odiseo. Todo era de color de rosa para las dos jóvenes parejas hasta que interfirió la diosa Afrodita.

Todo empezó con un concurso de belleza por el premio de una manzana de oro. Las diosas Hera, Atenea y Afrodita pidieron a Zeus que decidiera cuál de ellas era la más bella. Zeus no estaba dispuesto a involucrarse en aquel turbio asunto, así que pidió a Paris que juzgara el concurso. Paris era el príncipe de Troya, situada en el noroeste de Turquía. No dejó pasar la oportunidad. Tres diosas hermosas, ¿qué podía salir mal?

Cada una de las diosas ofreció un soborno a Paris. Hera le dijo que podría gobernar Europa y Asia si la elegía. Atenea le sobornó con habilidades guerreras sobrehumanas. Afrodita le prometió el amor de Helena, la mujer más bella del mundo. Sin embargo, olvidó decirle que Helena ya estaba casada. Paris eligió a Afrodita como la diosa más bella, y ella le ayudó a robarle Helena a Menelao. ¿Fue Helena secuestrada o se fue voluntariamente? Nadie está seguro. Pero Menelao estaba empeñado en recuperar a su esposa, y así empezó la guerra de Troya.

Los griegos eran *politeístas*, es decir, adoraban a muchos dioses. Sin embargo, sus dioses eran como humanos corrientes, pero con superpoderes. Engañaban a sus esposas, mentían, robaban, se peleaban y engañaban a los humanos. Podían intervenir para ayudar a los humanos que les gustaban, pero también podían hacer miserable la vida de alguien. Su comportamiento errático y egoísta irritaba al filósofo griego Sócrates. "¿Cómo podemos esperar que la gente sea buena si los dioses no lo son?".

¿Quiénes eran los Doce Olímpicos?

La montaña más alta de Grecia es el monte Olimpo. Los antiguos griegos pensaban que era el hogar de los dioses más importantes, los Doce Olímpicos. Eran Zeus, Hera, Afrodita, Apolo, Ares, Artemisa, Atenea, Deméter, Hefesto, Hermes, Poseidón y Dioniso. Algunas listas incluyen a Hestia, la diosa del hogar, en lugar de Dioniso. ¿Cuáles eran las funciones y los atributos de estos doce dioses?

Zeus (o tal vez Poseidón)[8]

Zeus era el rey de los dioses. Era el dios de las tormentas, algo muy importante en una tierra desesperada por la lluvia. Era responsable de asegurar que los dioses y los humanos vivieran vidas ordenadas. Eso no siempre funcionaba, especialmente porque Zeus no era particularmente ordenado. Tal vez provenía de su trauma infantil. Su padre, Cronos, se comió a sus hermanos y hermanas. Zeus sobrevivió porque su madre, Rea, lo escondió en la isla de Creta.

Cuando Zeus creció, se enfrentó a su padre y le hizo vomitar a sus hermanos. Se casó con su hermana **Hera**, pero eso resultó problemático. Hera estaba locamente celosa porque Zeus se transformaba en otras formas para seducir a las mujeres que desconocían su verdadera identidad.

Hera, reina de los dioses, descargó su ira contra las amantes de su marido y sus hijos. Por ejemplo, convirtió a Calisto en un oso. Heracles (Hércules en los mitos romanos) era hijo ilegítimo de Zeus. Hera envió serpientes para matarlo cuando era un bebé. Cuando fracasó y creció, hizo que Heracles se volviera loco. Mató a su mujer y a sus hijos. En la guerra de Troya, Hera apoyó a los griegos porque el príncipe Paris de Troya eligió a Afrodita en vez de a ella en el concurso de belleza.

Hera obligó a **Afrodita**, diosa del amor y la guerra, a casarse con su hijo, **Hefesto**. Era el dios discapacitado de la artesanía y los volcanes. Hera lo abandonó al nacer, pero aun así se convirtió en uno de los Doce Olímpicos. Afrodita le fue infiel. Homero escribió que Hefesto se divorció de ella y le exigió que le devolviera el precio de la novia que había pagado en la boda.

Cerámica roja sobre negro con Dioniso caminando y Hefesto montado en un asno[9]

Afrodita utilizaba sus poderes para hacer que los dioses se enamoraran de mujeres humanas. Pero su magia se le devolvió a sí misma cuando vio a un príncipe troyano, Anquises, tocando la lira mientras cuidaba su ganado. Se vistió con ropajes dorados y se reveló a Anquises, que cayó bajo su hechizo. Afrodita dio a luz a Eneas, que fue criado como príncipe en Troya. Lo protegió durante la guerra de Troya, salvándolo varias veces de la muerte. Tras la caída de Troya, Eneas viajó a Italia y sus descendientes fundaron Roma.

Todo el mundo quería a **Apolo**, el dios del sol, la música, el tiro con arco y la curación. Bueno, puede que los griegos no le quisieran tanto durante la guerra de Troya, ya que apoyó a Troya. Apolo salvó la vida de Eneas y de su primo Héctor varias veces. Hirió a los griegos con la peste y envió la flecha de Paris al talón de Aquiles, matando al gran guerrero. Pero tras la guerra, los griegos reanudaron su adoración por este joven y apuesto dios. Aparecía con frecuencia en las monedas griegas.

Ares era el impopular dios de la guerra. Se enfadaba por cosas triviales y siempre buscaba pelea. Ares y Afrodita tuvieron una aventura, pero el marido de Afrodita, Hefesto, se enteró. Hefesto diseñó una red de oro que envolvía a la pareja cuando estaban en la cama. Llamó al resto de los dioses para que fueran testigos de la infidelidad de la pareja. Los dioses rodearon la cama, riéndose a carcajadas de la vergonzosa pareja. Finalmente, Hefesto los liberó y se marcharon avergonzados.

Artemisa era la diosa de la naturaleza, los animales salvajes y la caza. Aunque era virgen, era la deidad de la fertilidad y el parto. Cuando era niña, su padre Zeus le preguntó qué podía regalarle. Ella le pidió todas las montañas del mundo porque era allí donde quería pasar su tiempo. Artemisa curó al hijo de Afrodita, Eneas, cuando fue herido en la guerra de Troya. Cuando Agamenón, rey de Micenas, mató a un ciervo en su bosque sagrado, Artemisa exigió el sacrificio de su hija. Si se negaba, Artemisa detendría el viento y no podría navegar hacia Troya. Agamenón se dispuso a sacrificar a la muchacha, pero Artemisa se apiadó en el último momento y la convirtió en sacerdotisa de su templo.

Artemisa aparece en la Biblia. El apóstol Pablo viajaba por las colonias griegas de la costa occidental de Turquía. Permaneció dos años en Éfeso, donde todos los días hablaba de la fe cristiana en el aula magna de la ciudad. Se produjeron milagros extraordinarios a través de Pablo en Éfeso, donde Artemisa era la diosa patrona. Los plateros se enfadaron porque ya nadie compraba estatuas de Artemisa. "¡Dice que los dioses hechos por el hombre no son dioses en absoluto!". Los plateros encabezaron una protesta, en la que una multitud gritó durante dos horas: "¡Grande es Artemisa de los efesios!".

Atenea[10]

Atenea era la diosa de la guerra, la sabiduría y la artesanía. Era inteligente, valiente y una brillante solucionadora de problemas. Atenea era la diosa protectora de Atenas, su homónima. Al igual que Artemisa, era virgen y no se involucraba en asuntos turbios. Hesíodo dijo que Zeus se tragó a su primera esposa, Metis, mientras estaba embarazada. Le aterrorizaba que diera a luz un hijo que lo derrocara, como lo había hecho él con su padre, Cronos. Atenea surgió de la cabeza de su padre Zeus, como una mujer ya adulta y vestida de armadura. A pesar de abrir el cráneo de su padre, era la hija favorita de Zeus.

Atenea ayudó a los griegos a entrar en Troya dando a Odiseo la idea de utilizar el Caballo de Troya. Treinta y dos guerreros griegos se escondieron dentro de un enorme caballo de madera mientras el resto de los griegos navegaban. Sin embargo, no fueron demasiado lejos. Los troyanos pensaron que los griegos habían abandonado la guerra y llevaron el caballo al interior. Esa noche, los guerreros que estaban dentro del caballo salieron sigilosamente y abrieron las puertas de la ciudad a los demás griegos.

Deméter era la hermana de Zeus. Era una diosa de la tierra que ayudaba a los agricultores y garantizaba la fertilidad de la tierra. Tuvo dos hijos con Zeus: Perséfone y Yaco. Se involucró con un hombre mortal llamado Yasión, al que Zeus mató con un rayo cuando se enteró.

Hades, el dios del inframundo, se enamoró de Perséfone, la hija de Deméter, y la secuestró. Zeus no estaba interesado en rescatar a su hija, así que Deméter maldijo la tierra, haciendo que dejara de llover y que murieran todas las cosechas. Finalmente, Zeus ordenó a Hades que liberara a Perséfone. Mientras estaba en el inframundo, había comido una semilla de granada, por lo que tenía que volver al inframundo durante varios meses cada año.

Hermes era el dios creativo y juguetón de la riqueza, el ganado, los jugadores, los ladrones y los viajes. Con sus sandalias aladas, podía viajar rápidamente entre el mundo de los humanos y el de los dioses. Era el mensajero de los dioses. Hermes también guiaba a las almas hacia el río Estigia en su viaje al inframundo. Introdujo el alfabeto, el fuego, las zampoñas, la lira y los dados entre los humanos. Siempre hacía travesuras. Robó el ganado de Apolo, pero éste se lo dejó a cambio de la lira de Hermes. Hermes apoyó a los griegos en la guerra de Troya y ayudó a Odiseo en su largo viaje de vuelta a casa, ayudándole a escapar de la hechicera Circe.

Poseidón era el dios de los ríos, los mares, las inundaciones, los terremotos y los caballos. Aunque a menudo traía la destrucción, se le consideraba protector de los marineros. Poseidón vivía bajo el océano en una mansión dorada. Era el padre de los cíclopes tuertos, del caballo alado Pegaso y de Caribdis, el monstruo marino que creaba remolinos para hundir los barcos y poder comérselos.

Poseidón estaba enamorado de la princesa Escila. Su celosa esposa, Anfitrite, la convirtió en un monstruo con seis cabezas de serpiente. Escila comía marineros, incluyendo a seis amigos de Odiseo.

Dioniso era el dios del vino, la locura, el teatro y las fiestas. Los bailarines de los festivales dedicados a Dioniso entraban en tal frenesí que entraban en un estado alterado. El rey Midas de Frigia rescató a un amigo de Dioniso, por lo que el dios le concedió un deseo. Midas deseó que todo lo que tocara se convirtiera en oro. Eso se convirtió en un problema cuando no podía comer porque su comida se convertía en oro. Peor aún, cuando abrazaba a su hija, la niña se convertía en oro. Para su alivio, Dioniso revirtió el deseo.

¿Cómo adoraban a sus dioses los antiguos griegos?

Los antiguos griegos honraban a sus dioses derramando vino. También sacrificaban animales, como toros, ovejas, cabras, cerdos y ocas. Los sacrificaban en el patio del templo. Los sacerdotes examinaban los intestinos de los animales para ver el futuro. Quemaban parte de los huesos y la grasa en el altar, y todos comían el resto de la carne.

Los antiguos griegos **_hacían ofrendas votivas_** para agradecer a los dioses la respuesta a una plegaria. También hacían exvotos cuando hacían un voto. Un exvoto podía consistir en cualquier cosa, como pequeñas imágenes del dios, figuras de personas rezando, armas, vasijas o joyas. Los templos se convertían en almacenes de un gran número de exvotos. Los templos griegos solían estar dentro de un santuario amurallado con jardines, fuentes, estatuas, árboles sagrados y altares.

El Oráculo de Delfos aconsejando a un rey visitante[11]

Tanto hombres como mujeres ejercían de sacerdotes. Generalmente, las diosas tenían sacerdotisas, y las deidades masculinas, sacerdotes. Algunos lugares, como Delfos, tenían un **oráculo** femenino. El oráculo de Delfos era una sacerdotisa llamada Pitia. Se sentaba en un taburete a horcajadas sobre una grieta de la que salían vapores. Según el mito griego, los vapores procedían del cuerpo putrefacto del monstruo Pitón asesinado por Apolo. Al respirar los vapores del dragón en descomposición, entraba en trance y podía responder a las preguntas de los que buscaban consejo.

Los festivales eran una parte esencial de la antigua religión griega. Los Juegos Olímpicos eran uno de estos festivales. Tras sacrificar cien toros a Zeus, todos se sentaban a disfrutar de una gran barbacoa. Sólo los hombres podían competir en los juegos. Las mujeres casadas no podían asistir. Tal vez sus maridos no querían que vieran a los otros hombres desnudos en las carreras. Las solteras podían asistir. Tenían sus propias competiciones atléticas para honrar a Hera. Las jóvenes atletas vestían túnicas cortas y llevaban el pelo suelto por la espalda.

¿Quién ganó la guerra de Troya? ¿Sucedió realmente?

El rey Menelao de Esparta quería recuperar a su esposa del príncipe Paris de Troya. Recordó a los demás reyes griegos el juramento que habían hecho de defender su matrimonio. Sin embargo, los demás reyes dudaron. Troya era una poderosa ciudad amurallada custodiada por feroces guerreros. Todas las ciudades-estado griegas necesitarían enviar barcos y soldados si tenían alguna esperanza de ganar. Sabían que la guerra tendría un gran costo. Y sin embargo, tomar el control de Troya significaba controlar los Dardanelos, un estrecho en el oeste de Turquía que iba desde el mar Egeo hasta el mar de Mármara. Desde allí, los barcos podían navegar hacia el mar Negro. Controlar los Dardanelos significaba obtener una riqueza inimaginable del comercio.

Durante muchos años, la mayoría de la gente consideró que la guerra de Troya era un mito. Sin embargo, los antiguos historiadores griegos hablaban de ella como de un hecho histórico, describiendo con detalle la ciudad de Troya y datando la guerra alrededor del año 1200 a. C. Pruebas recientes sugieren que la guerra ocurrió realmente. Homero dijo que otro nombre de Troya era Wilusa. Los hititas vivían en el oeste de Turquía. Sus registros nombraban a Wilusa como una ciudad de su

Imperio. Las crónicas hititas hablan de un príncipe llamado Alaksandu, que según Homero era otro nombre de Paris.

En 1870, un arqueólogo aficionado llamado Heinrich Schliemann se asoció con Charles Maclaren y Frank Calvert para explorar un yacimiento arqueológico llamado Hisarlik, en el extremo sur de los Dardanelos. Las civilizaciones construían sobre el mismo yacimiento, y éste tenía nueve capas de civilización. Una capa tenía una cúpula y otra arquitectura que coincidía con la descripción de Troya hecha por Homero. Esta capa fue destruida repentinamente alrededor del año 1180 a. C., más o menos cuando los griegos dijeron que Troya había caído. La mayoría de los estudiosos coinciden en que esta ciudad era la antigua Troya.

Menelao y su amigo muerto Patroclo[12]

La *Ilíada* de Homero cuenta que el rey Agamenón de Micenas lideró una alianza de las ciudades-estado griegas contra Troya. Agamenón era hermano de Menelao, que quería recuperar a Helena. Los griegos enviaron mil barcos a Troya y lucharon durante diez años. Las fuerzas griegas finalmente entraron en las murallas. Mataron a la mayoría de los guerreros troyanos y quemaron la ciudad. Probablemente el único vencedor fue el rey Menelao, que recuperó a Helena. Pero él y todos los demás perdieron a muchos amigos queridos en la feroz lucha. Los griegos aplastaron Troya, pero fue una victoria amarga. Tras ausentarse durante una década, volvieron a casa para encontrar a sus esposas con otros hombres y sus ciudades sumidas en el caos.

Actividad de repaso: ¿Quién es quién?

Empareja cada uno de los Doce Olímpicos con su descripción. Comprueba tus respuestas con la clave que encontrarás al final del libro.

1. Afrodita

2. Apolo

3. Ares

4. Artemisa

5. Atenea

6. Deméter

7. Dionisio

8. Hefesto

9. Hera

10. Hermes

11. Poseidón

12. Zeus

A. Rey de los dioses y de la lluvia

B. Reina de los dioses y esposa vengativa de Zeus

C. Diosa del amor y madre de Eneas

D. El dios discapacitado de la artesanía y los volcanes

E. Dios del sol, la música, el tiro con arco y la curación

F. Dios de la guerra y uno de los amantes de Afrodita

G. Diosa de la naturaleza, los animales salvajes y la caza

H. Diosa de la sabiduría que abrió la cabeza de Zeus

I. Diosa de los agricultores y de la fertilidad de la tierra

J. El dios mensajero con sandalias aladas

K. Dios de los mares y padre de los cíclopes

L. Dios del vino, la locura, el teatro y las fiestas

Capítulo 3: El ascenso de Atenas de ciudad-estado a imperio

La próspera civilización micénica era un recuerdo lejano. Los pocos supervivientes vivían en pequeñas aldeas donde se dedicaban a la agricultura, la ganadería y la pesca. Grecia permaneció en la Edad Oscura durante tres siglos, de 1200 a 900 a. C. aproximadamente. Como los griegos perdieron su sistema de escritura, es difícil saber qué ocurrió.

El colapso de la Edad de Bronce

No sólo Grecia se derrumbó durante el colapso de la Edad de Bronce. Varias otras civilizaciones de Asia occidental cayeron repentinamente. ¿Por qué la gente abandonó estas ciudades? ¿Por qué murió tanta gente? Aunque los griegos no dejaron constancia escrita, los egipcios y los sirios sí. Además, los arqueólogos pueden explorar las ruinas de las ciudades antiguas en busca de pistas como los daños causados por terremotos o la destrucción por un invasor.

Los científicos también pueden estudiar muestras del fondo de lagos, ríos y mares. Un bajo recuento de polen significa que la falta de lluvias mató las plantas. Las estalagmitas de las cuevas se forman por la filtración de agua. Los científicos pueden analizar el contenido mineral de las estalagmitas, que les informa sobre los niveles de oxígeno y carbono. Los anillos de los árboles muestran cuánta lluvia cayó cada año y cuáles fueron las temperaturas.

El colapso de la Edad de Bronce fue la tormenta perfecta de desastres medioambientales e invasiones. Una sequía mortal asoló la zona que hoy es Israel y Palestina. Grecia sufrió una "tormenta de terremotos" entre 1225 y 1175 a. C. a lo largo de una falla debilitada. Los seísmos derribaron ciudades y provocaron tsunamis que inundaron las zonas costeras. El rey Mursili II de los hititas escribió sobre una terrible plaga que hizo que mucha gente enfermara y muriera durante más de veinte años.

Recuerde, esto fue al final de la guerra de Troya. La guerra de diez años había vaciado los tesoros de las ciudades griegas y mató a muchos de sus hombres jóvenes. No había suficientes maridos para las mujeres jóvenes. Los griegos no solían practicar *la **poligamia*** (matrimonio con más de una persona). Menos parejas casadas significaba menos hijos y poblaciones más pequeñas. Algunos reyes volvieron y se encontraron con que alguien desafiaba su derecho a gobernar. Las luchas por el liderazgo probablemente derribaron algunas ciudades.

Por último, los misteriosos Pueblos del Mar invadieron Grecia, Egipto, Siria y el Imperio hitita. Eran piratas salvajes que asaltaban las ciudades del Mediterráneo oriental. Robaban comida y quemaban ciudades. Como dominaban los mares, acabaron con el comercio marítimo del que dependían Grecia y otras civilizaciones.

Un faraón egipcio escribió que los Pueblos del Mar procedían de los "mares del norte". Los egipcios decían que viajaban hacia el sur en carromatos con sus familias y posesiones. ¿Podrían ser estos Pueblos del Mar supervivientes de Troya en busca de un lugar donde reasentarse? Otra teoría es que una vez que Troya cayó, nadie estaba allí para vigilar el enlace desde el Mar Negro hasta el mar Mediterráneo. Los Pueblos del Mar podrían proceder de lo que hoy es Ucrania o Rusia. Podrían haber sido desplazados por alguna catástrofe, como el cambio climático provocado por una erupción volcánica.

Resurgir de las cenizas

Alrededor del año 900 a. C., Grecia empezó a salir de su depresión. El comercio se recuperó y la población se duplicó rápidamente. Las antiguas ciudades restauradas se convirtieron en centros culturales. Los griegos desarrollaron una tecnología de fundición que les permitió fabricar armas y herramientas de hierro. En 776 a. C., Grecia celebró sus primeros Juegos Olímpicos, dando comienzo al ***periodo Arcaico***

(776-500 a. C.). Los griegos volvieron a escribir con un nuevo alfabeto. Grecia brillaba más que nunca.

Atenas fue la única gran ciudad griega que sobrevivió a la Edad Media. Una vez desaparecida la amenaza de los Pueblos del Mar, Atenas se convirtió en el principal centro comercial de Grecia. Se hizo con el control de toda la península del Ática, gobernando sus pueblos y ciudades para formar un imperio en miniatura. A medida que Atenas se enriquecía, contribuía a la riqueza del resto de Grecia.

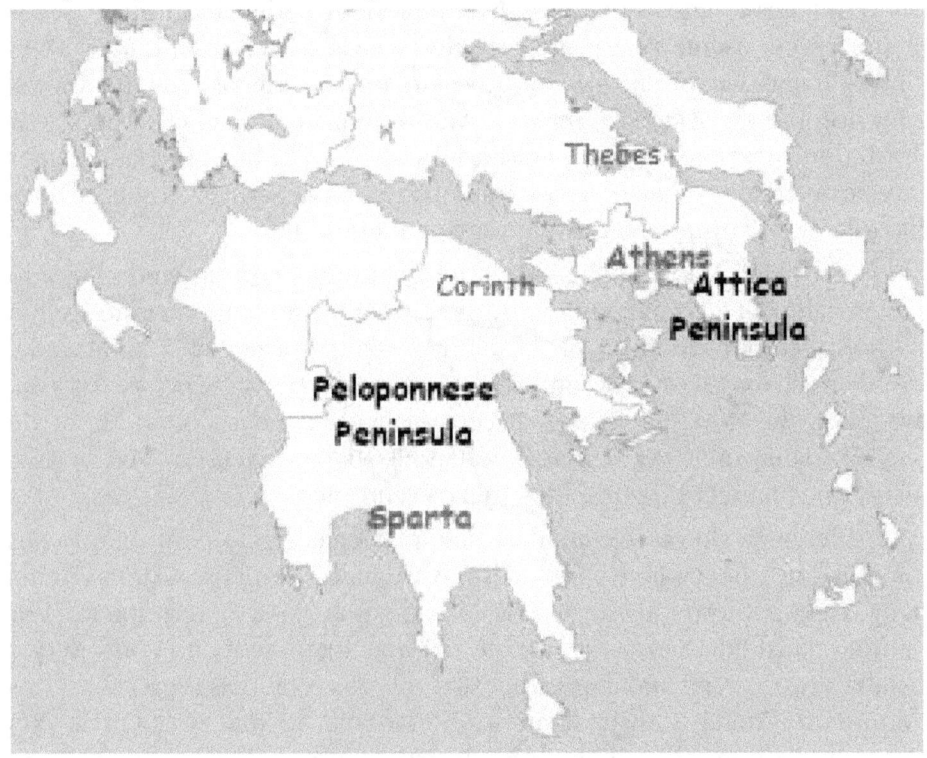

La antigua Grecia meridional[18]

Ciudades-Estados

En la Grecia Arcaica, varias regiones formaban *ciudades-estado*. Una ciudad-estado era una ciudad gobernante de gran tamaño que controlaba las ciudades más pequeñas, pueblos, aldeas y tierras de cultivo que la rodeaban. Era como un pequeño país.

La antigua Grecia no tenía un gobierno central. Cada ciudad-estado era independiente. Un aspecto interesante era que cada ciudad-estado hacía lo suyo. Algunas tenían reyes, otras un consejo de ancianos gobernantes, otras tiranos y otras empezaron a experimentar con la democracia. Muchas de las ciudades-estado pasaron por varios tipos de gobierno. Cuando Grecia se recuperó, llegó a tener más de mil ciudades-estado. Atenas, Esparta y Corinto eran las tres principales.

Un imperio de colonias: "Ranas alrededor de un estanque"

Las ciudades-estado enviaron expediciones para colonizar nuevos territorios. Se asentaron en el norte de Grecia, las islas de Turquía y el sur de Italia. En el sur de Italia vivían tantos griegos que recibió el sobrenombre de *Magna Grecia*. Había muchas colonias repartidas por el Mediterráneo, que llegaban hasta España y Francia. Los griegos navegaron hasta el mar Negro y fundaron colonias en sus costas. Platón dijo que eran "como ranas alrededor de un estanque".

La mayoría de las colonias eran independientes de la ciudad-estado que enviaba allí a las expediciones. Sin embargo, sentían una gran lealtad hacia su ciudad madre. Si la ciudad-estado principal era atacada, enviaban tropas para defenderla. A finales de la época Arcaica, alrededor del 40% de la población griega vivía en colonias fuera de Grecia. Había unas quinientas colonias. Enviaban atletas a Grecia cada cuatro años para competir en los Juegos Olímpicos.

A diferencia de otras ciudades-estado, Atenas siguió controlando sus colonias, lo que la convirtió en un verdadero imperio. Atenas tenía centros de gobierno para las colonias de una zona determinada. Por ejemplo, la isla de Samos, en el este del mar Egeo, tenía un consejo que dictaba leyes y recaudaba impuestos de las colonias cercanas. Los colonos de Atenas conservaban su ciudadanía, lo que no ocurría con otras ciudades-estado. Las colonias atenienses tenían sus propios ejércitos, pero los oficiales procedían de Atenas. Las colonias no podían ir a la guerra por su cuenta. Atenas colonizó primero las islas y la costa del mar Egeo. Más tarde, extendió su imperio colonial al mar Negro, el sur de Italia y Sicilia.

El rocoso camino hacia la democracia

Atenas tuvo reyes en la época micénica y en la Edad Media. Los reyes dirigían un consejo de nobles que poseían tierras. A principios del periodo Arcaico, Atenas tenía tres *arcontes* (gobernantes). Uno se encargaba del gobierno, otro supervisaba el ejército y otro dirigía la religión. Una asamblea de ciudadanos aristocráticos varones (la *Ekklesia*) elegía a estos tres hombres de entre la nobleza.

Un intento de derrocamiento sacudió Atenas en el año 632 a. C. Un atleta olímpico llamado Cilón intentó hacerse con el poder. Cilón quería convertirse en el tirano de Atenas, pero no estaba seguro de cómo hacerlo. Así que visitó al Oráculo de Delfos y le pidió consejo. El Oráculo era a veces críptico en lo que decía a la gente. El Oráculo le dijo a Cilón que tomara el poder en Atenas durante una fiesta para Zeus. Cilón reflexionó sobre esto. ¿Una fiesta para Zeus? ¿Se refería a los Juegos Olímpicos?

Templo de Atenea Nike en Atenas[14]

Cilón debió de equivocarse de festival porque su intento de tomar Atenas no salió bien. Los atenienses lucharon duro para defender su ciudad. Cilón escapó, pero sus soldados se escondieron en el Templo de Atenea. El templo era tierra sagrada, y los atenienses no podían tocar a los hombres mientras estuvieran en el templo. Los soldados no tenían nada que comer ni beber. Después de unos días, estaban desesperados.

Los atenienses prometieron a las tropas de Cilón que no los matarían si se rendían. Así que depusieron las armas y salieron. Sin embargo, los atenienses faltaron a su palabra y los apedrearon hasta la muerte. Al hacer esto, los líderes de Atenas rompieron la sagrada "ley de los suplicantes" (un *suplicante* es alguien que busca misericordia o perdón). Los dirigentes atenienses tuvieron que exiliarse y una maldición les persiguió por haber profanado el templo de Atenea.

Los atenienses decidieron que parte del problema era que no tenían leyes escritas. Los ricos gobernantes cambiaban constantemente las leyes para adaptarlas a sus necesidades. A veces, fingían que una ley en particular no existía. Si tuvieran leyes escritas, se aclararían las cosas. Así que, en el año 621 a. C., se dirigieron a un noble llamado Draco y le pidieron que escribiera las leyes. Draco no creó nuevas leyes para Atenas. Se limitó a escribir las leyes no escritas que todos debían cumplir.

Los castigos de Draco por infringir las leyes eran duros. Ordenaba la pena de muerte para casi todo, incluso para algo tan trivial como robar un repollo. Las personas que no podían pagar sus deudas se convertían en esclavos. Sus duras leyes dieron origen a la palabra *draconiano*, que significa algo inhumano o inusualmente cruel.

Solón[16]

Como nota positiva, Draco concedió a todos los atenienses los mismos derechos legales. No importaba si eran aristócratas o plebeyos, ricos o pobres. Las mismas leyes se aplicaban a todos. Antes, sólo los terratenientes ricos podían votar u ocupar cargos políticos. Ahora, los militares podían votar y ocupar cargos políticos menores. Draco allanó el camino para que la democracia arraigara en Atenas.

Sin embargo, a los atenienses les preocupaba la pena de muerte. En 594 a. C., se dirigieron a Solón, poeta y filósofo, y le pidieron que redactara una constitución. Solón se deshizo del código de leyes de Draco. En opinión de Solón, los disturbios en Atenas se debían a la opresión de las clases media y pobre.

Solón empezó por "sacudirse" la aplastante deuda que mantenía a la gente deprimida. Los aristócratas habían estado confiscando tierras a los agricultores si una mala cosecha les impedía pagar su deuda. Algunas personas se ponían a sí mismas o a sus hijos como garantía al pedir un préstamo. Si no podían pagar a tiempo, ellos o sus hijos se convertían en esclavos. Solón canceló todas las deudas. Liberó a los que habían sido esclavizados por retrasarse en los pagos.

La constitución de Solón dividía a los atenienses en cuatro clases. La mayoría pertenecía a la clase baja, y algunos pudieron votar por primera vez. Cada una de las cuatro clases enviaba cien hombres al consejo de cuatrocientos. Todos los estamentos de la sociedad estaban representados por igual. La ciudad tenía ahora un equilibrio de poder. Sin embargo, por aquel entonces sólo estaban representados los hombres. Las mujeres no pudieron votar en Grecia hasta 1952. Todavía no era una verdadera democracia porque ni siquiera la mayoría de los hombres podían votar. Sin embargo, fue un gran paso en la dirección correcta.

Solón realizó otras reformas. Consideraba que los matrimonios debían basarse en el amor, no en el dinero o los bienes que un hombre pudiera obtener de la ***dote*** de su novia (regalos que le hacían como esposo). Solón prohibió las dotes. También prohibió los chismorreos y la incitación al odio. Solón mejoró el sistema judicial al permitir que los pobres tuvieran quien les defendiera. Muchos jueces eran corruptos. Ahora, la gente podía apelar al consejo de cuatrocientos hombres si no les gustaba la decisión de un juez.

Las clases bajas adoraban la constitución de Solón porque les otorgaba más derechos. Pero Solón sabía que creaba enemigos entre los ricos y poderosos. Se marchó de la ciudad en cuanto terminó la constitución y no volvió en diez años. Cuando regresó, vio horrorizado que Atenas estaba sumida en la ***anarquía*** (anarquía y desorden debido a la quiebra del gobierno). El consejo no había elegido un ***arconte*** (líder político) en dos años.

Toma del poder por los tiranos

Lo que es peor, el primo de Solón, Pisístrato, se hizo tirano de Atenas. ¿Qué es un tirano? Cuando oímos esa palabra hoy en día, pensamos en un gobernante opresor y sediento de poder. En aquel entonces, un tirano no era enemigo de la libertad. Un tirano llegaba al poder fuera de lo habitual. Un tirano no era un rey hereditario. No lo elegía un consejo ni era elegido. Los tiranos eran **usurpadores** que se hacían con el poder político por la fuerza.

Un tirano no era necesariamente malo. Sí, tenía poder absoluto. No necesariamente seguía las leyes de una ciudad-estado. Pero los tiranos podían mejorar la vida de la gente corriente. Un tirano mantenía su posición manteniendo al pueblo contento. Los tiranos hacían cosas como construir carreteras, puentes y sistemas de abastecimiento de agua. Creaban puestos de trabajo para los campesinos y soldados que habían perdido sus tierras.

Pisístrato desarrolló un ejército a partir de las clases bajas. Solón podría haber dudado de su astuto primo, pero Pisístrato demostró ser un gobernante justo y generoso. Su familia poseía minas de plata y oro en Macedonia, y utilizó sus ingresos para recomprar las tierras de los campesinos. Reparó y mejoró las *infraestructuras* de Atenas (obras públicas como carreteras, alcantarillas y puentes). Enseñó a los campesinos a obtener beneficios exportando vino y aceite de oliva.

Pisístrato gobernó Atenas durante cinco años, hasta que sus enemigos se hicieron lo bastante poderosos como para desterrarlo. Un hombre llamado Megacles dijo que ayudaría a Pisístrato a volver al poder si se casaba con su hija. Megacles soñaba con tener un nieto que gobernara Atenas. Los dos hombres aceptaron el trato, pero se enfrentaron a un reto. ¿Cómo conseguirían que los atenienses se unieran, especialmente los ricos y poderosos?

Encontraron a una joven alta y hermosa que les ayudara con su plan. Se vistió como la diosa Atenea y llegó a Atenas en un hermoso carro. "¡Pisístrato es el más grande de los hombres! Quiero que él gobierne Atenas". Los atenienses pensaron que realmente era la diosa y la obedecieron. Pisístrato volvió al poder, pero por poco tiempo. Se casó con la hija de Megacles, pero se negó a acostarse con ella. No quería que ella tuviera hijos que desafiaran a los hijos de su primer matrimonio.

Pisístrato y la falsa Atenea[16]

Megacles, furioso, expulsó de nuevo a Pisístrato de Atenas. Pisístrato languideció en el exilio durante diez años. Utilizó el dinero de sus minas en Macedonia para contratar **mercenarios** (soldados que luchaban para otra ciudad-estado o país a cambio de dinero). Se alió con otras ciudades-estado griegas y retomó Atenas en 546 a. C. Esta vez gobernó durante casi dos décadas, hasta su muerte.

Durante su tercer reinado, Pisístrato emprendió importantes reformas. Obligó a los ricos terratenientes a pagar impuestos del 10% de sus ingresos. Con este dinero financió préstamos para los campesinos pobres. Transformó el sistema agrícola de la península del Ática, haciéndolo altamente productivo. Atenas dominaba el comercio en el Mediterráneo y el mar Negro. Pisístrato reconstruyó el templo de Atenea y convirtió Atenas en un destino de festivales y teatro.

Reformas democráticas revolucionarias

Tras la muerte de Pisístrato, Atenas volvió a sumirse en el desorden. Los espartanos derrocaron a Atenas, pero los atenienses lograron deshacerse de ellos. Hicieron del hijo de Megacles, Clístenes, su nuevo líder.

Clístenes no tardó en dar un vuelco a la política ateniense. Reorganizó toda la península del Ática en diez tribus, cada una de las cuales incluía a habitantes de las tres diferentes regiones geográficas que rodeaban Atenas, garantizando así una distribución más equilibrada del poder político. Las tribus tenían representantes de la ciudad de Atenas, de las ciudades costeras y de las aldeas agrícolas. Cada tribu enviaba a cincuenta hombres para formar parte del consejo durante un año. Sólo los quinientos hombres del consejo podían votar, pero representaban a todos los niveles de la sociedad. Esta forma primitiva de democracia continuó en el periodo clásico de Grecia.

Actividad de repaso: Sopa de letras

Hay diez palabras/frases clave ocultas en la sopa de letras. Lee las definiciones que aparecen a continuación para averiguar cuál es la palabra clave y luego encuéntrala en la sopa de letras. La clave de respuestas se encuentra al final del libro.

S	Í	C	I	U	D	A	D	E	S	T	A	D	O	É	S	P	Í	N	Y	A	S	M
M	R	T	Á	D	R	A	C	O	N	I	A	N	O	I	C	H	B	I	G	N	E	A
A	F	H	H	Y	E	T	U	Ó	M	R	E	U	R	O	P	A	E	Ó	F	A	E	Ó
R	Ó	D	Ú	J	G	M	A	G	N	A	G	R	E	C	I	A	É	D	G	R	N	R
T	D	É	G	U	D	E	Á	H	R	N	A	F	R	Í	G	Ú	Y	U	B	Q	A	T
B	A	D	L	U	K	E	M	A	T	O	S	P	A	I	N	E	T	H	Q	U	C	I
G	O	D	M	E	R	C	E	N	A	R	I	O	S	Í	B	R	Z	L	I	Í	I	M
S	Í	E	L	O	É	V	E	Y	U	O	Á	D	L	A	T	I	N	S	X	A	R	I
G	R	E	E	C	E	D	Ú	E	G	H	P	O	L	I	G	A	M	I	A	É	F	N
Á	I	N	F	R	A	E	S	T	R	U	C	T	U	R	A	S	Á	D	Ó	E	A	O
D	I	V	É	R	Ú	O	L	Ó	N	M	T	E	A	P	O	R	I	T	J	K	Í	L
C	O	L	A	P	S	O	D	E	L	A	E	D	A	D	D	E	B	R	O	N	C	E

1. La caída repentina de múltiples civilizaciones en el Mediterráneo oriental hacia 1200 a. C. fue durante la...
2. Matrimonio con más de una persona
3. Una gran ciudad independiente que gobierna las ciudades y pueblos de los alrededores
4. Región "Gran Grecia" del sur de Italia
5. Un gobernante absoluto que llega al poder fuera de los cauces habituales
6. Algo inhumano o inusualmente cruel
7. Dinero o bienes que la novia aporta al matrimonio
8. Desorden debido al colapso gubernamental
9. Obras públicas como carreteras, puentes y alcantarillas
10. Soldados pagados para luchar por otra ciudad-estado o país

Capítulo 4: Convertirse en espartano

Los espartanos siempre marchaban al son de un tambor diferente. Cuando todo el mundo en Grecia hacía una cosa, ellos tomaban un camino alternativo. Por ejemplo, Atenas tenía una política progresista y sus ciudadanos siempre estaban dispuestos a debatir las últimas ideas. A los espartanos no les gustaban los cambios. Les gustaba mantener las cosas como estaban. La filosofía era para los más débiles. Se centraban en construir cuerpos musculosos y voluntades de hierro.

Todo en Esparta giraba en torno al ejército. Luchar era un trabajo sagrado. Los guerreros eran glorificados como el núcleo de la sociedad espartana. Los niños no pertenecían a sus padres, sino al Estado. Todo niño era considerado un futuro soldado. Los padres llevaban a sus hijos recién nacidos al consejo, llamado Gerusía, para evaluar su salud y fuerza. Si un bebé no superaba la inspección, se le colocaba en una montaña para que muriera.

Política peculiar

Mientras otras ciudades experimentaban con la democracia y los tiranos, Esparta se aferraba a su sistema de dos reyes. ¿Por qué dos reyes? Esparta empezó con un rey, que creían descendiente del héroe Heracles. En los primeros días de Esparta, un rayo mató al rey Aristodemo. Dejó dos hijos gemelos idénticos. ¿Cuál sería el rey? Los bebés se parecían tanto que nadie podía distinguirlos. Ni siquiera su madre estaba segura de cuál había nacido primero. Los ancianos viajaron a Delfos para preguntar al Oráculo qué hacer. Ella dijo que hicieran reyes a los dos, y eso fue lo que hicieron.

A partir de entonces, Esparta mantuvo el sistema de dos reyes. Esto resultaba útil cuando Esparta estaba en guerra. Un rey podía dirigir el ejército como comandante en jefe, mientras que el otro se quedaba en Esparta y se encargaba de que todo funcionara sin problemas. El sistema también proporcionaba un sistema de *controles y equilibrios*. Ninguno de los reyes tenía el poder absoluto. Cada uno aportaba sus propias ideas, por lo que el gobierno era más equilibrado. Si el plan de acción de un rey no era una buena jugada, el otro rey podía "controlarlo" o bloquearlo.

Esparta tenía un consejo de gobierno, como la mayoría de las ciudades griegas, pero todos sus miembros tenían al menos sesenta años. Los más jóvenes estaban fuera luchando en las batallas. El consejo de Esparta, formado por veintiocho ancianos, era una *oligarquía* (un pequeño grupo de personas que dirigían los asuntos políticos). Los dos reyes eran los únicos menores de sesenta años que formaban parte del consejo. Los reyes se turnaban para dirigir las tropas en las batallas y ejercer de sacerdotes y jueces.

Educando a los soldados de Esparta

Todos los hombres espartanos servían a tiempo completo en el ejército a partir de los veinte años. Se retiraban a los sesenta. A la tierna edad de siete años, los niños espartanos abandonaban el hogar para unirse al sistema de entrenamiento de las *agogé*, donde vivían en dormitorios con otros niños. En las agogé aprendían técnicas militares, caza, lectura, escritura, canto y danza. Los niños aprendían a tolerar el dolor y a llevar una vida "espartana" sencilla, con comida sencilla y sin florituras.

El entrenamiento espartano tenía tres niveles. De los siete a los doce años, los chicos se entrenaban en el primer nivel, las *paides*. Luego se unían a los *paidiskoi* durante el resto de su adolescencia. La iniciación en los paidiskoi era dura, pero preparaba a los chicos para las campañas militares. Los muchachos sólo llevaban una capa roja. Dormían a la intemperie en esteras hechas con juncos. Tenían que buscar comida en los campos o robar en algún sitio. Si les pillaban, les azotaban. Además, todos los años eran azotados ritualmente en el templo de Artemisa para poner a prueba su resistencia al dolor. Algunos morían a causa de los malos tratos.

El tercer nivel era el de los **hebontes**. Estos jóvenes tenían entre veinte y treinta años. En este nivel, los aprendices espartanos recibían novatadas de sus instructores y de los militares de más edad. Si mostraban alguna debilidad, eran señalados. Vivían en barracones militares hasta los treinta años. Comían comidas pequeñas y sencillas. El sobrepeso se consideraba antipatriótico, ya que impedía luchar bien. Los jóvenes soldados bebían vino diluido, pero estaba prohibido emborracharse. El entrenamiento se basaba en la disciplina en todos los ámbitos. Un joven tenía que completar su formación en el agogé para convertirse en ciudadano.

Estatuilla de bronce de un joven soldado espartano reclinado mientras come. Probablemente esté comiendo un cuenco de sopa de judías negras, una comida sencilla típica[17]

Tácticas de guerra enseñadas a los niños espartanos

Esparta era la primera potencia militar de Grecia. Las demás ciudades-estado entrenaban a sus jóvenes en el arte de la guerra, pero no tenían un ejército a tiempo completo. Los soldados eran agricultores, artesanos, comerciantes o administradores cuando no estaban librando batallas. Sin embargo, los hombres de Esparta se entrenaban durante trece años antes de librar su primera batalla, y luego lo hacían durante otra década. Su único trabajo era servir en el ejército.

¿Qué habilidades militares aprendían en el agogé? Aprendían combate cuerpo a cuerpo, lucha con espadas y maniobras con lanzas.

También estudiaban técnicas de formación. En la época arcaica, los ejércitos griegos empezaron a utilizar la **formación de falange**. Los soldados se alineaban uno al lado del otro. Había unos cien hombres en fila. Cada hombre sostenía su escudo con la mano izquierda, de modo que se superponía ligeramente al escudo del hombre de al lado. Era como un sólido muro de escudos.

Los soldados se llamaban **hoplitas**. Llevaban cascos, corazas y espinilleras de bronce. En la mano derecha llevaban lanzas de dos metros. La típica falange griega estaba formada por ocho hombres. Los soldados de la primera fila sostenían sus lanzas horizontalmente para alancear al enemigo. Cuando el comandante gritaba: "¡A la carga!", los guerreros gritaban y corrían hacia el enemigo. Los hombres de las filas traseras apoyaban sus escudos en las espaldas de los hombres que tenían delante, empujándolos. Era como un enorme bulldozer con lanzas clavadas.

Formación de falange[18]

Los guerreros espartanos dieron su propio giro a la formación de falange griega con la **táctica del othismos**. Esta formación sólo tenía cuatro filas en lugar de ocho, pero era mucho más ancha. Esto les permitía rodear los flancos de la falange enemiga. Otra cosa que hacían los espartanos era marchar lenta y firmemente hacia el enemigo en lugar de gritar y correr hacia ellos. Las tropas espartanas, increíblemente disciplinadas, se mantenían en formación, cantando sus himnos de batalla al son de los gaiteros. Era un espectáculo amenazador, y asustaba a sus enemigos. Muchas veces, los soldados enemigos huían despavoridos cuando se acercaba la falange espartana.

Una táctica de batalla que los espartanos utilizaban ocasionalmente era la huida. Esta táctica tenía dos versiones: caminar y correr. En la primera versión, los oficiales espartanos evaluaban la situación. ¿Estaban desesperadamente superados en número? ¿Se encontraban en una mala posición, como luchando cuesta arriba o con el sol en los ojos? Si los oficiales decidían que no tenían posibilidades de ganar, simplemente abandonaban la batalla. No les importaba si los otros griegos pensaban que era una acción cobarde. Los espartanos sabían que no eran débiles. Eran prácticos. Tenía sentido esperar hasta que las probabilidades estuvieran a su favor.

La otra táctica consistía en huir en una falsa retirada. Si la batalla no iba bien, el comandante gritaba: "¡Retirada!". Todos daban media vuelta y huían del enemigo. Por supuesto, el enemigo cargaría tras ellos a toda velocidad. El comandante espartano conducía a sus tropas a una posición mejor, como en una ladera, donde tendrían ventaja cuesta arriba.

Entonces, el comandante espartano gritaba: "¡Girad!". Todas las tropas espartanas giraban, sosteniendo sus lanzas ante ellos. Pillados por sorpresa, los soldados enemigos no podían detenerse a tiempo y chocaban contra las lanzas espartanas. Los espartanos utilizaban a menudo esta táctica de falsa retirada, y el enemigo casi siempre caía en la trampa.

¿Y las mujeres espartanas?

Las niñas y mujeres espartanas eran espíritus libres en el mundo griego. En el resto de Grecia, las mujeres llevaban la cabeza cubierta y togas hasta los tobillos. No participaban en la vida pública. Las mujeres espartanas llevaban faldas cortas. Corrían carreras, luchaban y lanzaban jabalinas. Las niñas espartanas vivían en casa, pero iban a la escuela, donde aprendían a leer, escribir, cantar, bailar y realizar movimientos de defensa personal.

Una espartana compitiendo en una carrera[19]

No existía una vida hogareña normal para las jóvenes parejas espartanas. Todos los hombres espartanos vivían en los barracones militares hasta los treinta años. Se casaban alrededor de los veinte años, pero no vivían con sus esposas hasta los treinta. De vez en cuando, los jóvenes se escapaban de los barracones para pasar un poco de tiempo con sus esposas. La mayor parte del tiempo estaban en la guerra.

La tasa de natalidad en Esparta era mucho más baja que en el resto de Grecia. Como los hombres no estaban, las mujeres se encargaban de las finanzas familiares y de la toma de decisiones. Las mujeres espartanas podían comprar y vender propiedades.

Los hombres del resto de Grecia se escandalizaban al saber que las mujeres espartanas podían opinar. Las mujeres espartanas expresaban sus opiniones en público e incluso hablaban de política. Y sus maridos las escuchaban. A los griegos no espartanos les parecía extraño que la ley espartana exigiera que los padres dieran a sus hijas la misma calidad de cuidados y alimentos que a sus hijos varones.

Ilotas y Hoplitas: Un sistema opresivo

En la Edad de Bronce, el pueblo dórico emigró a la península del Peloponeso desde Macedonia. Los dorios se hicieron más fuertes y reconstruyeron la ciudad de Esparta a principios de la era Arcaica. A medida que su población crecía, necesitaban más tierras para cultivar. Para conseguir esas tierras, iniciaron una guerra de veinte años con la vecina ciudad-estado de Mesenia. Todo empezó con una disputa por unas vacas.

Un atleta olímpico de Mesenia llamado Polícrates arrendó tierras a un espartano llamado Euaifnos. Polícrates apacentaba su ganado en esas tierras. Un día, Euaifnos le dijo a Polícrates que unos piratas le habían robado el ganado. Polícrates pensó que su historia parecía sospechosa, así que preguntó por ahí. Descubrió que Euaifnos había vendido su ganado. Se enfrentó a Euaifnos, que se disculpó. "Te daré el dinero que saqué del ganado. Envía a tu chico hoy mismo y le daré el dinero".

En lugar de entregar el dinero, Euaifnos asesinó al hijo de Polícrates. El angustiado padre cargó contra el consejo espartano, exigiendo justicia. Pero el consejo se negó a discutir el asunto. Indignado, Polícrates se lanzó a la matanza. Asesinó a todos los espartanos que encontró caminando solos. El consejo espartano envió un mensaje a Mesenia. Los consejeros exigieron que Polícrates fuera juzgado. Los mesenios replicaron: "¡Por supuesto! Os enviaremos a Polícrates en cuanto nos enviéis a Euaifnos. Tiene que ser juzgado por asesinar al hijo de Polícrates".

Las negociaciones no llegaron a ninguna parte. Ambas partes empezaron a sacar a relucir ofensas de décadas atrás. Los dos reyes espartanos utilizaron la disputa como excusa para lanzar un ataque sorpresa contra Mesenia. Aunque las tensiones eran altas, la ciudad-estado de Mesenia no esperaba una guerra. Las dos ciudades-estado habían coexistido pacíficamente durante más de un siglo. Los espartanos atacaron la ciudad de Anfea por la noche, matando a la gente desarmada en sus camas. La guerra duró dos décadas. Esparta ganó en 720 a. C. Una de las ciudades conquistadas por los espartanos fue Helo. Sus habitantes se llamaban ilotas.

Esparta tomó la tierra que había robado a Mesenia y la dividió en nueve mil fincas, todas del mismo tamaño. Cada ciudadano espartano recibió una parcela de tierra para cultivar. Como los hombres espartanos eran soldados a tiempo completo y a menudo estaban fuera luchando en guerras, ¿quién podía ocuparse de la agricultura? Los espartanos utilizaban a los ilotas para cuidar los campos. Los ilotas no eran exactamente esclavos porque ningún espartano poseía un ilota. No podían comprarlos ni venderlos. Eran más bien siervos. Técnicamente, los ilotas pertenecían al Estado y se les asignaba un trabajo. Los ilotas realizaban todo el trabajo y obtenían la mitad de los beneficios; los terratenientes espartanos se quedaban con la otra mitad. Esto liberó a los hombres espartanos para formar el ejército más formidable del antiguo mundo griego.

Así, Esparta tenía un sistema en el que los hombres espartanos trabajaban a tiempo completo como soldados, y los ilotas cultivaban la tierra y hacían otros trabajos serviles. Pero, ¿y los comerciantes y artesanos? Esparta tenía una tercera clase llamada **Perioikoi**. Eran personas libres, pero procedían de otros lugares y no podían ser ciudadanos. Sólo podían ser ciudadanos los espartanos cuyos antepasados se remontaran siglos atrás. Por tanto, los perioikoi no podían servir en el ejército. Pero podían dirigir tiendas, fabricar cerámica, armas y dedicarse al comercio. Los perioikoi se enriquecieron, pero no podían poseer tierras.

5th siglo a. C. estatua de un hoplita espartano [20]

Todo funcionaba para los espartanos. Cada ciudadano espartano poseía tierras, pero no tenía que realizar el exigente trabajo agrícola. Pero surgió un nuevo problema. Los hombres ilotas vivían en casa con sus esposas y tenían familias numerosas. Los hombres espartanos estaban fuera luchando en las guerras o viviendo en los cuarteles militares de Esparta. No pasó mucho tiempo antes de que la población ilota superara en número a los espartanos. ¿Qué iba a impedir que se rebelaran contra Esparta y se apoderaran de la ciudad-estado?

Plutarco fue un historiador del siglo I de nuestra era. También fue sacerdote del templo de Apolo en Delfos, donde se encontraba el Oráculo. En su libro *Vidas Paralelas*, Plutarco cuenta que los espartanos idearon un artero plan para reducir la población de ilotas. Escogieron a adolescentes espartanos que mostraban habilidades excepcionales en el agogé para unirse a una fuerza llamada la ***Krypteia***. Era similar a una policía secreta. Cada otoño, los espartanos declaraban la guerra a los ilotas. Esto significaba que ningún espartano podía ser declarado culpable de matar a un ilota. Los jóvenes que se unían a la krypteia cogían una daga y salían al campo a buscar y matar ilotas.

¿Cuál fue el legado de Esparta?

La cultura espartana influyó en las ideas occidentales sobre autodisciplina, valor, abnegación y patriotismo. Esparta estaba años luz por delante del resto de Grecia en cuanto a la contribución de la mujer a la sociedad. Las mujeres no se escondían en casa. Expresaban sus opiniones, eran físicamente fuertes y gozaban de derechos como comprar y administrar propiedades. Aristóteles decía que las mujeres poseían dos quintas partes de las tierras de Esparta.

Sin embargo, Esparta tenía un lado oscuro. Los espartanos mataban a los recién nacidos débiles o enfermos. Los hombres espartanos vivían separados de sus esposas y apenas veían a sus hijos. Los niños pertenecían al estado, no a la familia. Las madres sólo cuidaban de sus hijos varones durante seis años. A partir de ese momento, los padres no tenían voz ni voto en la educación de sus hijos ni en nada más de sus vidas. La desintegración familiar hizo a Esparta militarmente fuerte, pero a veces sufrió pérdidas horribles. A veces morían casi todos los varones adultos. Esparta no tenía suficientes hijos para reconstruir su población. Luego, estaban los ilotas. Los espartanos esencialmente esclavizaban a sus vecinos y ocasionalmente asesinaban a algunos de ellos cuando la población ilota crecía más que los espartanos.

Estos ideales espartanos de un ejército y un Estado fuertes influyeron en las sociedades posteriores. Al filósofo griego clásico Platón le gustaba cómo el Estado controlaba la vida y la educación de los niños. Hitler pensaba que Esparta era una civilización modelo. A los niños alemanes se les enseñaba disciplina estricta, resistencia y la importancia del sacrificio personal. Hitler creía que Esparta era un ejemplo de clase guerrera.

Actividad de repaso: Preguntas.

1. ¿En qué se diferenciaban la cultura y la sociedad de Esparta de las de otras ciudades-estado de la Grecia antigua?

2. ¿Qué papel desempeñaba el servicio militar en la sociedad espartana?

3. ¿Qué era el agogé? ¿Cómo determinaba la crianza y educación de los varones espartanos?

4. ¿Qué retos afrontaron los muchachos espartanos en su riguroso entrenamiento y educación?

5. ¿Cuáles fueron algunos aspectos positivos del legado de Esparta?

6. ¿Cómo ha influido negativamente el legado de Esparta en algunas civilizaciones?

Capítulo 5: Las guerras persas: Maratón y las Termópilas

Durante 160 años, el Imperio persa, también conocido como Imperio aqueménida, luchó contra las ciudades-estado griegas. Durante las seis primeras décadas, Persia tuvo la sartén por el mango. Pero tres batallas épicas decantaron la balanza a favor de Grecia. Este capítulo desvelará el extraordinario heroísmo y las astutas estrategias que emplearon los griegos para lograr la victoria.

¿Cuál fue la causa de las guerras persas?

Todo empezó con Ciro el Grande, rey de Persia. Su imperio estaba situado en lo que hoy es el sur de Irán. Se unió a sus parientes, los medos del norte de Irán, para conquistar el Asia central. Luego, avanzaron por Turquía, conquistando más territorio, hasta llegar a la Jonia, al otro lado del mar Egeo, frente a Grecia. Cuando Jonia se rindió a Persia en 547 a. C., el mundo griego quedó conmocionado. Habían sido colonias de las ciudades-estado griegas siglos antes. Ahora, el Imperio persa-aqueménida se las había tragado.

En el año 499 a. C., los jonios se rebelaron durante el reinado del rey persa Darío el Grande. Atenas y la ciudad vecina de Eretria enviaron barcos y tropas a los jonios. Saquearon e incendiaron Sardes, la capital persa de Jonia. En 494, los persas derrotaron al ejército griego y la revuelta se vino abajo. Sin embargo, Darío estaba furioso. "¡Cómo se atreven Atenas y Eretria a interferir en mi guerra!"

Darío envió a su pariente Mardonio por tierra hacia Grecia, pero la sanguinaria tribu de los Byrgi le bloqueó el paso. Mientras tanto, una brutal tormenta hundió trescientos de los barcos persas que navegaban hacia Grecia. Darío hervía de rabia. Aún no había acabado con Grecia.

Victoria inconcebible en el Maratón

En 490 a. C., Darío envió a sus embajadores a las ciudades-estado griegas, exigiéndoles que se sometieran a su autoridad. La mayoría de las ciudades-estado griegas accedieron a dar "tierra y agua", lo que significaba que reconocían a Persia como su señor. Pero hubo algunas que se resistieron. Atenas y Esparta se negaron a ceder. Darío rugió: "Atenas, otra vez? Ellos interfirieron en Jonia. No me detendré hasta quemar Atenas hasta sus cimientos ".

Una flota de trirremes[31]

Cuando la armada de Darío, con seiscientas *trirremes* (naves de guerra), cruzó el mar Egeo en dirección a Grecia, los habitantes de Eretria entraron en pánico. Habían destruido Sardes en la revuelta jonia. Seguramente, los persas los castigarían. La mayoría huyó al monte Olimpo, donde se escondieron. Los atenienses enviaron cuatro mil hombres, pero el líder de la ciudad de Eretria los envió de vuelta a casa. "Nuestros ciudadanos no planean luchar contra los persas. No tiene sentido morir por una causa perdida".

Resultó que dos eretrianos abrieron las puertas de la ciudad a los persas, esperando una recompensa. No les fue bien. Los persas mataron a todos los hombres que quedaban en la ciudad y esclavizaron a las mujeres y los niños. Saquearon e incendiaron Eretria y destruyeron sus templos. Pocos días después, los persas navegaron hacia Atenas, esperando un triunfo similar.

Mientras tanto, los atenienses enviaron a un corredor de fondo llamado Filípides para que corriera 132 millas (213 kilómetros) hasta Esparta. Cuando los espartanos se enteraron de que los persas habían aplastado Eretria, aceptaron ayudar, a pesar de que Esparta y Atenas solían ser rivales acérrimos. Esparta tenía unas extrañas normas religiosas sobre cuándo se podía luchar y cuándo no.

"Sí, por supuesto, ayudaremos. Los persas probablemente sean nuestro próximo objetivo, ya que no les dimos 'tierra y agua'. Si unimos fuerzas, podemos vencerlos. Pero, ahora mismo, estamos en medio del festival de Cornalina. No podemos ir a la guerra hasta la luna llena".

Estas noticias fueron desalentadoras, ya que los barcos persas estaban en camino. Los atenienses se animaron cuando la ciudad de Platea, al norte de Atenas, envió mil guerreros en su ayuda. Los atenienses seguían en inferioridad numérica, pero tenían un as en la manga. Eligieron una estrategia audaz. En lugar de dejar que los persas sitiaran Atenas, marcharon a través de la península del Ática para enfrentarse a sus atacantes en Maratón. Los persas no estaban familiarizados con el paisaje de Maratón, pero los griegos lo conocían bien. Maratón estaba en un valle pantanoso. La zona estaba cubierta de **_cenagales_**, zonas pantanosas blandas que cedían bajo el peso de una persona. Si una persona lo pisaba, era absorbida. Cualquier forcejeo aumentaba la fuerza descendente hasta que la persona condenada se ahogaba en el pantano.

Los persas acababan de echar el ancla en Maratón cuando aparecieron los griegos. Los persas habían planeado atravesar la península a caballo en lugar de navegar por el fondo de esta. Querían evitar las tormentas letales en mar abierto que habían aniquilado su flota anteriormente. Cuando los persas vieron llegar a los griegos por las montañas, sonrieron.

"¡Mirad! ¡Los griegos no tienen caballos! Van todos a pie. Y sólo tienen lanzas y espadas. ¡Nuestra caballería y arqueros los aniquilarán!"

Esta fue la primera vez que los persas se enfrentaron a los griegos en una batalla terrestre. Los griegos siempre luchaban a pie, utilizando sus maniobras de falange. Los persas eran hábiles jinetes, y sus aterradores arqueros oscurecían el cielo con sus flechas. Pero cuando los persas desembarcaron, se dieron cuenta de que no podían usar sus caballos en el terreno pantanoso y montañoso.

Los griegos formaron su posición de falange en la montaña mientras los persas se reunían en la pequeña llanura de abajo. Los griegos cargaron cuesta abajo, corriendo a toda velocidad, pillando a los persas por sorpresa. Los arqueros persas apenas tuvieron tiempo de disparar dos salvas de flechas. La mayoría de las flechas impactaron en cascos o escudos y rebotaron. Los griegos rápidamente flanquearon y rodearon a los persas, confundiéndolos.

Presas del pánico, los persas corrieron hacia sus barcos, con las lanzas griegas volando hacia sus desprotegidas espaldas. Tuvieron que navegar por el pantano. Muchos cayeron en el lodazal. Finalmente llegaron al mar, pero los atenienses se lanzaron tras ellos. Los atenienses capturaron siete barcos persas e incendiaron otros.

Los griegos atacan los barcos persas [22]

El resto de los persas izaron sus velas y se hicieron a la mar. Los griegos evaluaron con alegría las pérdidas. Contaron 6.400 persas muertos. ¿Quién sabía cuántos más se habían hundido en el lodazal? Los atenienses sólo perdieron 192 hombres, y murieron 11 hombres de Meseta.

"¡Mira!" gritó alguien, señalando hacia el mar. "¡Los persas están navegando hacia el sur! ¡No están navegando de regreso a Asia! Se dirigen alrededor de la península a Atenas!".

Los oficiales griegos se apresuraron a llamar al orden a los hombres. "¡Tenemos que volver a Atenas! Si nuestro ejército no está allí cuando lleguen esos barcos, la gente de la ciudad podría rendirse a los persas".

¿Llegarían a tiempo? Atenas estaba a veinticinco millas. Agotados tras la batalla, los griegos regresaron corriendo, tropezando con raíces y rocas a la tenue luz de la luna llena. Llegaron antes que los persas y se desplomaron en el templo de Heracles, en el acantilado que domina el golfo Sarónico. Los persas vieron sus hogueras mientras navegaban hacia el golfo. Echaron el ancla y discutieron su próximo movimiento.

¿Debían asediarla? Ya habían perdido miles de hombres y muchos barcos. Los griegos estaban entusiasmados con su victoria, y otras ciudades griegas, como Esparta, probablemente acudirían en ayuda de los atenienses. Tras flotar un rato en el golfo, levaron anclas y navegaron por el horizonte hasta Persia. Fue entonces cuando los espartanos aparecieron por fin, ya que ahora había luna llena. Pero los atenienses los abrazaron, y todos se apresuraron a regresar a Maratón para ver a los persas muertos y escuchar cómo había transcurrido la batalla.

Los griegos habían logrado una victoria extraordinaria, pero sabían que los persas volverían. Uno de los generales atenienses, Milcíades, había supervisado la batalla de Maratón. Se dio cuenta de que Atenas tenía que construir una armada que pudiera enfrentarse a los persas. El general Temístocles estuvo de acuerdo. Ordenaron la construcción de doscientas trirremes nuevas. A partir de ese momento, la casi imbatible armada ateniense dominó los mares.

Sacrificio espartano en las Termópilas

Darío el Grande murió poco después. Nunca realizó su sueño de conquistar Grecia. Su hijo Jerjes se presentó ante el consejo persa. "¡No podemos permitir que Grecia se salga con la suya! Han insultado a mi padre y al Imperio persa. Construiré el ejército más grande que el mundo haya visto. ¡Un millón de hombres! Toda la humanidad estará bajo nuestro yugo. ¡Persia será el imperio sobre el que nunca se ponga el sol!".

Los hombres del consejo exhalaron un suspiro colectivo, pero guardaron silencio. Jerjes tenía mal genio y querían mantener la calma.

El Imperio persa se extendía desde Egipto hasta Afganistán, por lo que un ejército de un millón de hombres era factible. Sin embargo, Persia había sufrido terribles pérdidas en sus anteriores batallas contra Grecia. Finalmente, el tío de Jerjes, Artabano, se aclaró la garganta y le recordó el grave riesgo. Jerjes se mostró inflexible.

"¡Artabano, eres un cobarde! Quédate aquí con las mujeres. ¡Debemos atacar primero! De lo contrario, ¡nos invadirán!".

El historiador griego Heródoto dijo que Jerjes se lo pensó mejor mientras estaba tumbado en su cama aquella noche. ¡Artabano tenía razón! Atacar Grecia podría significar la perdición de Persia. Se quedó dormido. Un fantasma apareció en su sueño. "¿Estás cambiando de opinión, Persa? ¡Sigue tu plan original!".

Jerjes se despertó al día siguiente, frotándose la cabeza. ¡Qué sueño más loco! Llamó a su consejo y se disculpó con su tío. Anunció que Persia *no* invadiría Grecia. Pero esa noche, el fantasma apareció de nuevo. "Si no invades Grecia, experimentarás un final repentino y violento".

Jerjes se levantó de un salto y corrió a la habitación de Artabano. "Sigo viendo un fantasma. Insiste en que ataque Grecia. No sé si es real o sólo mi imaginación. ¿Por qué no te tumbas en mi cama? A ver qué pasa".

Artabano se acostó en la cama de su sobrino. El fantasma apareció e intentó sacarle los ojos. "¡Tú! ¡Tú eres el que le dijo a Jerjes que no invadiera Grecia! ¡Ahora te enfrentas al juicio! ¡Juicio ahora y en la otra vida!".

Artabano se levantó de un salto y corrió gritando hacia Jerjes. "¡He cambiado de opinión! ¡Invade Grecia!".

Tras cuatro años de preparación, Jerjes dirigió su enorme ejército a los Dardanelos, donde Asia se encuentra con Europa. En lugar de simplemente transportar a sus hombres a través del estrecho de una milla de ancho, decidió hacer lo impensable. Construiría un puente. Pidió a sus ingenieros que ataran 674 barcos y los atravesaran con tablones. Los ingenieros terminaron el trabajo, pero se desató una tormenta. El viento y las agitadas aguas destruyeron el puente.

El puente de barcos sobre los Dardanelos[23]

Jerjes estalló en cólera. Cortó las cabezas de los ingenieros y ordenó a sus hombres que castigaran el agua. La marcaron con hierros candentes y la azotaron trescientas veces. Ahora tenía que conseguir nuevos ingenieros para reconstruir el puente, lo que significaba pasar allí el invierno y agotar las preciadas reservas de alimentos para alimentar a su numeroso ejército.

¿Había realmente un millón de soldados en el ejército de Jerjes? El Imperio persa era el más grande que el mundo había visto hasta entonces, y tenían la mano de obra necesaria. Sin embargo, toda la planificación, organización y alimentos necesarios para tantos hombres lo habrían hecho poco práctico, si no imposible.

El puente fue finalmente reconstruido. El ejército de Jerjes lo cruzó y marchó hacia Grecia. Mientras tanto, su armada de 1.200 barcos navegaba por el mar Egeo. Ninguna de las ciudades-estado del norte de Grecia se atrevió a resistir a su enorme ejército. Pero entonces, los soldados persas llegaron a una alta y escarpada cordillera que atravesaba Grecia. Los persas tenían que atravesar el paso de las Termópilas para llegar al sur de Grecia. Pero seis mil guerreros griegos le cerraron el paso. Esparta se había aliado con Atenas, Tebas, Arcadia, Corinto y otras ciudades-estado del sur de Grecia. Algunas fuerzas griegas aliadas se quedaron y reforzaron las defensas del sur de Grecia. Mientras tanto, los espartanos y otros griegos bloquearon el paso de dieciséis pies de ancho y reconstruyeron rápidamente una muralla defensiva en ruinas.

Jerjes se rio. Creía que en cuanto los griegos vieran a su gigantesco ejército entrar en el valle, huirían. Pero se enfrentaba a los espartanos, los mejores luchadores de la antigua Grecia. Tras cuatro días mirándose fijamente, Jerjes envió un embajador al rey espartano Leónidas. "Esta es vuestra última oportunidad. Deponed las armas y evitad el derramamiento de sangre".

Leónidas gruñó: "¡Tendrás que quitárnoslas!".

Los griegos pusieron en juego la formación de falange. Se colocaron hombro con hombro, con los escudos superpuestos y las lanzas sobresaliendo. Los de atrás mantenían sus escudos en alto, formando un techo de bronce que desviaba las miles de flechas lanzadas por los persas. Si un hombre era alcanzado, otro ocupaba rápidamente su lugar por detrás. La antigua muralla defensiva protegía a los hombres de la primera línea de una carga de caballería.

Los persas sólo tenían escudos de mimbre. No eran rival para las largas lanzas de los griegos. Durante dos días enteros, los griegos impidieron a los persas entrar en el paso. Jerjes envió a sus diez mil "Inmortales", las fuerzas de élite de Persia, a cargar hacia delante con sus hachas de batalla, jabalinas y espadas. Incluso estos grandes guerreros fracasaron. Las lanzas griegas de dos metros les impedían acercarse lo suficiente como para usar sus propias armas.

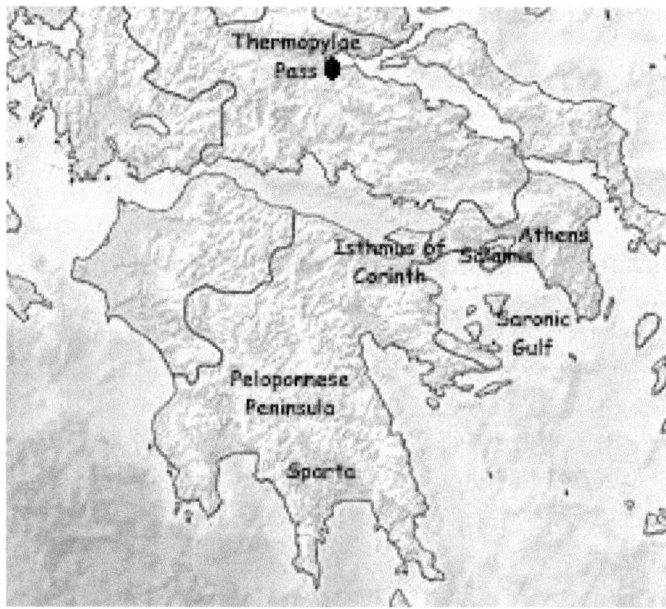

Paso de las Termópilas (parte superior del mapa)[14]

Al tercer día, un traidor griego mostró a los persas cómo unos pocos hombres podían atravesar la montaña por un estrecho camino de pastores. Algunos inmortales escalaron la montaña y se acercaron a los griegos por detrás. Leónidas ordenó a unos cientos de hombres que siguieran manteniendo la línea contra los persas. Envió una pequeña unidad para atacar a los persas que acababan de cruzar la montaña. Ordenó al resto de los griegos que salieran del paso y escaparan hacia el sur de Grecia.

No había manera de que los griegos pudieran seguir manteniendo el paso con los persas delante y detrás de ellos. ¿Por qué debían morir los seis mil griegos cuando podían vivir para luchar otro día? Se les necesitaba desesperadamente en el sur de Grecia porque Jerjes se dirigía allí a continuación. Leónidas y la pequeña fuerza restante continuaron conteniendo a los persas hasta que más inmortales cruzaron la montaña, atrapándolos en el paso. Los inmortales dispararon flechas a los griegos, matando al rey Leónidas. Pronto, todos los griegos murieron. Los espartanos y sus aliados se sacrificaron para salvar a Grecia.

La batalla naval de Salamina cambia el destino

Las fuerzas persas cargaron hacia el sur, hacia Atenas, pero la ciudad estaba vacía. La mayoría de los ciudadanos fueron evacuados a la isla de Salamina. Jerjes saqueó los tesoros de la ciudad. Quemó sus impresionantes templos y mató a todos los que encontró. Recibió la terrible noticia de que dos tormentas habían aniquilado la mitad de su flota naval. Maldiciendo a los dioses, consideró su próximo movimiento.

No podía hacer nada contra los atenienses hasta que llegara el resto de su flota. Pero tenía una cuenta pendiente con Esparta. Para llegar allí, necesitaba cruzar el istmo de Corinto hacia la península del Peloponeso. Sin embargo, los espartanos y sus aliados del Peloponeso iban un paso por delante de él. Mientras Leónidas y sus hombres mantenían a raya a los persas en el paso de las Termópilas, el resto de los griegos se habían dedicado a reconstruir una antigua muralla de seis kilómetros que atravesaba el istmo de Corinto.

Cuando Jerjes sitió la muralla recién construida, los griegos sabían que no podrían contener a Jerjes durante mucho tiempo. Necesitaban atraer a los persas. Las flotas ateniense, corintia y espartana estaban amarradas cerca de Salamina, en el golfo Sarónico. El comandante naval ateniense Temístocles envió un mensaje a Jerjes. Convenció a Jerjes de que la alianza griega se estaba desmoronando y que los espartanos volvían a casa. Temístocles dijo a Jerjes que estaba dispuesto a pasarse al bando persa. Si Jerjes enviaba su flota a Salamina al día siguiente, entregaría la armada ateniense a los persas.

Jerjes cayó en la trampa. Envió su flota al golfo Sarónico. Se dirigió al golfo y subió a una montaña para ver la batalla. La mayoría de los barcos griegos se escondieron detrás de la isla Georgios en el golfo Sarónico. Cuando la armada persa entró en el golfo, vio cincuenta barcos corintios flotando frente a ellos. De repente, los barcos corintios se adentraron en el estrecho entre Salamina y Atenas, en tierra firme. Los barcos persas los siguieron hasta el estrecho. Se dieron cuenta demasiado tarde de que era una trampa.

Ilustración de la batalla de Salamina[25]

El resto de los barcos griegos salieron de su escondite y rodearon a la flota persa. Los persas no tenían forma de escapar. Los griegos entonaron un himno a Apolo mientras destrozaban los barcos persas con sus arietes. Cuerpos flotando y barcos hundiéndose cubrían la superficie del agua. Jerjes contempló horrorizado desde la cima de la montaña cómo los griegos destruían su flota naval. Este fue el momento decisivo para Grecia. La marea había cambiado en la larga guerra con Persia. Grecia finalmente prevalecería.

Actividad de resumen: Rellena los espacio en blanco

Las guerras persas con Grecia comenzaron cuando Ciro el Grande conquistó _____ en 547 a. C., convirtiendo estas colonias griegas en una provincia del Imperio persa-aqueménida. Cuando Jonia se rebeló en el 499 a. C., Atenas y _____ enviaron barcos y tropas en su ayuda. Tras poner fin a la revuelta, el rey persa, Darío el Grande, envió su flota para castigar a Atenas. Sin embargo, los atenienses eligieron como campo de batalla una zona pantanosa donde los persas no podían utilizar sus caballos. Derrotaron ampliamente a los persas en _____ ____ _____. Jerjes, hijo de Darío, buscó venganza y marchó hacia Grecia con un enorme ejército. Liderados por el rey espartano _____, los griegos resistieron a los persas en _____ _____ mientras el resto de los griegos evacuaban _____ y reconstruían la muralla en _____ ____ _____. Los griegos se sacrificaron en el paso, pero al final, los griegos obtuvieron una asombrosa victoria en la _____ ____ _____ naval.

    Atenas
    Batalla de Maratón
    Batalla de Salamina
    Eretria
    Jonia
    Istmo de Corinto
    Leónidas
    Paso de las Termópilas

Capítulo 6: La Edad de Oro de Atenas: Arte, filosofía y democracia

Del 480 al 423 a. C., Atenas brilló como nunca. Dio pasos de gigante en las artes, la filosofía y la democracia. ¿Qué ocasiónó estos días de gloria que dejaron tanta huella en la historia del mundo? Atenas formó la Liga Délica, que unió a las ciudades-estado griegas y expulsó a piratas y persas de las aguas griegas. Esta relativa paz permitió a Atenas centrarse en la cultura y el comercio.

Arquitectura asombrosa

Cuando uno piensa en Atenas, le vienen a la mente templos resplandecientes con elegantes pilares. Como muchas ciudades griegas, Atenas se asentaba en torno a una empinada colina llamada *Acrópolis*, o "ciudad alta". Los atenienses construyeron elegantes edificios gubernamentales y templos en esta "Roca Sagrada". Pero cuando Jerjes asaltó Atenas con su enorme ejército, destruyó la Acrópolis.

Después de que los griegos hundieran la armada de Jerjes y le hicieran huir de vuelta a Persia, los atenienses comenzaron la reconstrucción. Una vez levantadas las murallas para proteger la ciudad, construyeron un nuevo e impresionante complejo en la Acrópolis. Quien subía a la Acrópolis entraba por la puerta de mármol de los Propileos. Una estatua de Atenea de nueve metros de altura se alzaba justo detrás de la puerta. Los barcos que navegaban por el golfo a tres millas de distancia podían ver la brillante estatua de bronce reflejando el sol.

Otro templo de Atenea en la Acrópolis era el Erecteón, que sigue en pie hoy en día. Tiene un tipo inusual de pilar llamado *cariátide* en su "Pórtico de las Doncellas". Las esculturas de bellas jóvenes sostienen el techo. Cada cariátide es diferente. Puede que representen a adolescentes reales de la antigüedad.

Pilares de cariátides en el templo del Erecteón[26]

Arte impresionante

Alrededor del año 530 a. C., los griegos inventaron un tipo de cerámica llamada "*figura roja*" o "rojo sobre negro". Los artistas pintaban primero la cerámica de negro. Después, pintaban personas o animales en rojo o dorado sobre la pintura negra. El estilo anterior tenía figuras negras pintadas sobre un fondo rojo. Un ejemplo de este arte es la pintura de un hoplita griego y un arquero persa sobre una jarra de ánfora negra brillante. El soldado griego lleva una falda corta y una armadura de bronce. El soldado persa lleva pantalones largos y camisa de manga larga.

Jarra de ánfora rojo sobre negro[27]

Otro ejemplo de pintura en cerámica roja (o dorada) sobre negro es un jarrón con una cantante y un conejito. Un hombre barbudo descansa en un sofá bajo una cesta. Canta y se agacha para acariciar a su conejo moteado. ¿Has pensado alguna vez que la gente tenía conejos hace miles de años? La pintura está sobre un **kylix**, un vaso de cerámica para beber con un cuenco ancho y asas horizontales.

Cantante y conejito[28]

Otro jarrón rojo sobre negro representa a Dioniso, el dios del vino. Dos **ménades** bailan a ambos lados de Dioniso. ¿Qué eran las ménades? Eran jóvenes sacerdotisas que adoraban a Dioniso a través de la danza. La palabra "ménade" significa demente o loca. Mientras estas jóvenes bailaban, el espíritu de Dioniso las poseía. No te dejes engañar por su apariencia aparentemente inofensiva. Cuando estas mujeres estaban "bajo los efectos", desarrollaban superpoderes y podían matar a un animal o a una persona con sus propias manos.

Dioniso y las ménades danzantes[39]

Las estatuas griegas clásicas tenían cuerpos perfectos y reales. El artista Fidias construyó una imponente estatua de Atenea de ocho metros de altura para el templo del Partenón, en la Acrópolis. Tenía un armazón de madera recubierto de láminas de oro. Los brazos y el rostro de la diosa eran de marfil. La estatua fue destruida, pero su imagen en las monedas griegas nos ayuda a saber cómo era. El templo del Partenón, de mármol blanco, sigue situado en el punto más alto de la Acrópolis de Atenas.

Una réplica a tamaño natural de Atenea Partenos[30]

Filosofía innovadora

Famosos filósofos vivieron durante la Edad de Oro de Atenas. Discutían sobre casi todo. Reflexionaban sobre lo que estaba bien y lo que estaba mal. ¿Cómo puede una persona saber realmente la diferencia? También hablaban de la naturaleza humana. ¿Eran los humanos más importantes que los animales? ¿En qué se diferencia la razón de las demás criaturas? Compartieron sus teorías sobre política, matemáticas, ciencia y muchos otros temas.

Hipias vivía en el Peloponeso, pero visitaba Atenas para discutir con Sócrates y Platón. Era *sofista* o experto en sabiduría. A Platón le encantaba hacer agujeros en sus razonamientos. Hipias discutía sobre una amplia gama de temas, como arte, astronomía, historia, matemáticas, música y filosofía. Asistía a los Juegos Olímpicos. Cualquiera podía pedirle que diera un discurso sobre cualquier tema. Podía hablar de cualquier cosa sin prepararse.

Hipias señaló que la sociedad cambia constantemente sus ideas sobre el bien y el mal. Por ello, razonó que no podemos depender de la sociedad para definir la moralidad. En su lugar, dijo que una ***ley natural*** se aplica a todos los lugares y tiempos. Esta ley nunca cambia. Lo que está bien siempre está bien, no importa dónde ni cuándo. El mal es siempre el mal. Por ejemplo, siempre está bien ayudar a los débiles e indefensos.

Los filósofos más famosos de Atenas fueron Sócrates, Platón y Aristóteles. Sócrates enseñó a Platón y Platón a Aristóteles. Aristóteles enseñó a Alejandro Magno, que conquistó gran parte del mundo conocido. Sócrates nunca decía a sus alumnos lo que tenían que pensar. Al contrario, les hacía preguntas. Quería que pensaran por sí mismos. Sócrates admitía que no lo sabía todo. Sabía que no tenía todas las respuestas. Llamó a esto "simple ignorancia". Sócrates dijo que esto era mejor que la gente despistada que decía tener todas las respuestas. A esto lo llamó "doble ignorancia".

Sócrates dijo que una vida no examinada no merece la pena ser vivida. ¿Qué es una vida no examinada? Algunas personas viven la vida pensando que ya saben todo lo que necesitan saber. No les interesa aprender cosas nuevas. Otros saben que sólo han tocado la superficie del conocimiento. Hay todo un mundo por explorar. Para ellos, una vida merece la pena si se dedica a ello.

Sócrates se enfrentó a un juicio acusado de impiedad y de corromper a la juventud ateniense. ***Impiedad*** significa "ateísmo". Las autoridades decían que Sócrates no creía en los dioses de Atenas. Sócrates no era ***ateo*** (alguien que no cree en un poder superior). Él sí creía en su propio dios. Sin embargo, señaló que los dioses griegos engañaban constantemente a sus esposas, robaban cosas y mentían. Eran un mal ejemplo a seguir. Los líderes de la ciudad decían que Sócrates creía en "cosas espirituales nuevas", y así era. Su dios era perfecto, sabio y moral. Al introducir esta nueva idea de dios y criticar a los dioses griegos, Sócrates fue declarado culpable de alejar a los jóvenes de la verdadera religión. Fue obligado a suicidarse bebiendo veneno de cicuta.

Sócrates tuvo que beber cicuta por corromper a la juventud de Atenas[31]

Platón enseñaba que lo que vemos a nuestro alrededor no es la auténtica realidad. Decía que es como si viviéramos en una cueva. El sol está fuera, pero no podemos verlo. Todo lo que podemos ver son las sombras que el sol proyecta en la cueva. En su *Teoría de las Formas*, Platón decía que la filosofía consistía en comprender que algo exterior causaba esas sombras. La vida es algo más que la cueva. La verdadera realidad está fuera de la cueva, donde hay sol, cielo azul y aire fresco. Si una persona pudiera escapar de la cueva, podría ver que ahí fuera hay un mundo mejor.

Aristóteles, alumno de Platón, hablaba de un ser perfecto, eterno, **impasible**, que ponía todo en movimiento. Decía que este ser ponía orden en el mundo. Aristóteles llegó a esta conclusión por deducción. ¿Qué es la **deducción**? Aristóteles decía que si las "premisas" o ideas sobre algo son ciertas, podemos "deducir" o llegar a la conclusión correcta.

Por ejemplo, supongamos que tenemos la idea o premisa de que todos los canguros son mamíferos. Nuestra segunda premisa es que todos los mamíferos son de sangre caliente. Nuestra conclusión es que todos los canguros son de sangre caliente. Pero, ¿y si cambiamos canguros por elefantes? Ambas premisas seguirían siendo ciertas. Los elefantes son mamíferos; por tanto, son de sangre caliente. Pero,

¿podemos cambiar elefantes por medusas? No, porque no son mamíferos. Ambas premisas tienen que ser ciertas para que la conclusión sea correcta. Aristóteles utilizó este concepto de deducción para pasar a la *inducción*, que utiliza hechos conocidos para suponer verdades universales o bien conocidas.

Evolución de la democracia

Todas estas discusiones filosóficas condujeron a ideas innovadoras sobre la democracia. Esto nos conduce a Pericles, que llevó a Atenas a nuevas cotas políticas. De hecho, la Edad de Oro de Atenas se llama a veces la "Edad de Pericles". Transformó el sistema de gobierno de Atenas en "el gobierno de muchos en lugar de pocos". Su visión era redactar una constitución que pudieran seguir otras ciudades-estado griegas. Bajo la "democracia radical" de Pericles, todos tenían la misma justicia por ley. No importaba si eran pobres o de clase baja. Tenían los mismos derechos. Al menos los hombres. Las mujeres tenían pocos derechos y tenían que depender de alguien que las representara en los tribunales.

Pericles decía que las clases media y baja debían ocupar cargos en el gobierno. Incluso pagó el servicio de jurado para que los ciudadanos de clase trabajadora pudieran ausentarse de sus empleos y participar en el sistema judicial. Antes, solo los ricos ejercían de administradores municipales porque todos los demás tenían que trabajar. Ahora, los funcionarios municipales cobraban para que cualquiera pudiera hacer el trabajo.

Pericles[82]

La Liga Délica expulsa a persas y piratas

Después de que la mayoría de las ciudades-estado del sur de Grecia se aliaran para aplastar a Jerjes y su invasión persa, se dieron cuenta de que la cooperación era la clave para mantener alejados a los persas para siempre. Las colonias atenienses en Jonia se rebelaron de nuevo. Esta vez, tuvieron éxito. La armada griega aliada conquistó parte de Tracia, en la frontera noreste de Grecia. En 478 a. C., tomaron Bizancio, en el estrecho del Bósforo, entre Europa y Asia. Siglos más tarde, el emperador romano Constantino reconstruyó Bizancio. La rebautizó Constantinopla y fue la capital del Imperio romano de oriente.

Con estas victorias, los griegos controlaban el mar Egeo. En este punto, Esparta estaba lista para retirarse de la guerra aliada. Esparta siempre tuvo una vena independiente. Además, estaban preocupados por Jonia, que estaba justo al lado del territorio de Persia. No creían que fuera posible proteger Jonia. Sugirieron trasladar a todos los griegos jónicos a la Grecia continental. Esta idea enfureció a los jonios, que habían vivido allí durante cientos de años. Los atenienses dijeron: "Son nuestras colonias. Podemos protegerlas nosotros mismos".

En 478 a. C., los atenienses se hicieron con el control de la Liga Délica. Se trataba de la alianza griega de Jonia y otras islas y ciudades costeras del mar Egeo. El primer comandante naval de la liga fue Cimón. Había luchado en Maratón y Salamina contra los persas. Las 330 ciudades que pertenecían a la alianza aportaron barcos de guerra o dinero en la guerra contra el Imperio persa-aqueménida.

Mientras tanto, los persas reunieron otro enorme ejército y armada para atacar de nuevo a Grecia. Pero Cimón golpeó primero en una batalla terrestre y marítima en Panfilia, en la actual Turquía occidental. Hundió doscientos barcos persas y expulsó a su ejército. Los persas permanecieron fuera del mar Egeo durante los quince años siguientes. Cimón también expulsó a los piratas dolopios del Egeo, garantizando un comercio pacífico que enriqueció a los griegos.

Tras una exitosa batalla en el norte del Egeo, Cimón y sus aliados griegos capturaron a muchos prisioneros. También consiguieron joyas de oro y túnicas púrpuras de incalculable valor. Cimón preguntó a los aliados si querían el botín o los prisioneros. "Elegid lo que queráis y yo me quedaré con lo otro".

"¡Ja! Estos prisioneros son todos de clase alta. Nunca han trabajado un día en sus vidas. No serán buenos como esclavos. Nos llevaremos el oro y las túnicas. Pueden quedárselos".

Entonces, Cimón tomó a los prisioneros. No pasó mucho tiempo antes de que sus acaudaladas familias y amigos pagaran dinero a Cimón para que los liberara. Puso parte del dinero en el tesoro de la Liga Délica. Utilizó una parte para mantener a su armada y el resto para ofrecer comidas a los pobres en su casa.

Egipto había formado parte del Imperio persa a regañadientes. Se rebeló en el 460 a. C. Pericles envió 250 barcos griegos para ayudar a Egipto contra los persas. Los griegos sufrieron una devastadora pérdida de veinte mil hombres y la mayor parte de su flota. Este desastre llevó a Pericles a trasladar el tesoro de la Liga Délica a Atenas para "salvaguardarlo". Los pagos de las ciudades-estado iban a parar a Atenas. Pericles lo gastó en sus proyectos de construcción en la Acrópolis. Atenas era ahora un imperio. Sí, las ciudades-estado se quejaron. Algunas incluso intentaron retirarse de la Liga Délica, pero fueron severamente castigadas por Pericles.

Pericles capturó la isla de Chipre, al noreste del Mediterráneo, pero los persas volvieron a apoderarse de ella. En el 451 a. C., Cimón zarpó con doscientas naves para recuperar Chipre. Murió en la batalla, pero sus oficiales mantuvieron su muerte en secreto hasta que ganaron la batalla. Grecia y Persia firmaron el Tratado de Calias, que supuso treinta años de paz. Los persas prometieron dejar en paz a Jonia y mantenerse fuera del mar Egeo. Los griegos devolvieron Chipre a los persas y prometieron no interferir en el norte de África ni en Turquía.

Actividad de repaso: Eres un artista griego

A continuación se muestra un jarrón de ánfora en blanco. Usa tu creatividad e imaginación para diseñar un dibujo en el jarrón. Repasa las escenas del libro para inspirarte. Las decoraciones de los vasos griegos incluían batallas, la vida cotidiana y deidades griegas. Puedes colorear el dibujo en dorado o rojo y el fondo en negro.

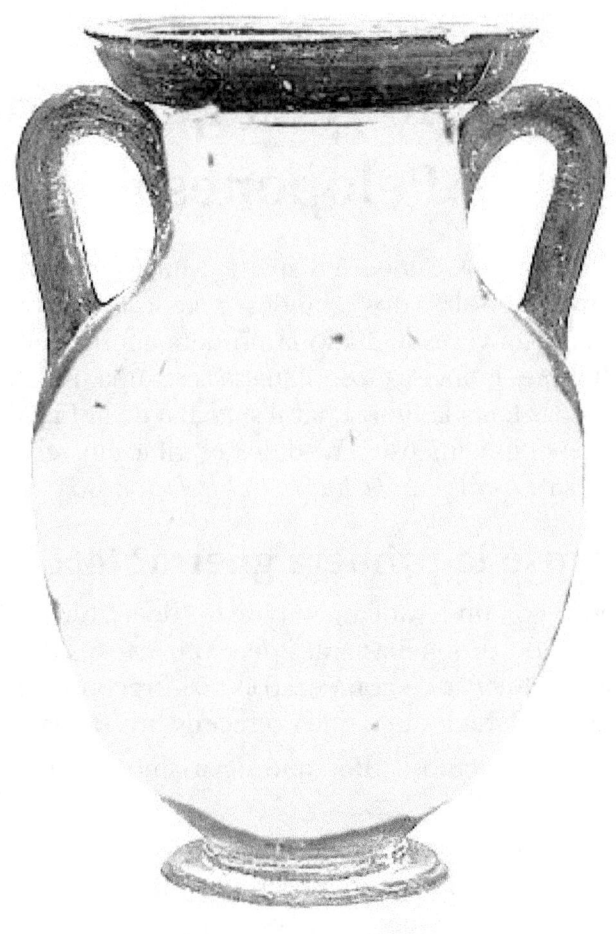

Capítulo 7: La guerra del Peloponeso

Durante veintiséis años, Atenas y Esparta estuvieron enfrentadas. No era la primera vez que las dos grandes potencias se enfrentaban. Un conflicto anterior, a veces llamado la primera guerra del Peloponeso, se prolongó durante quince años. Esparta era una máquina de guerra imbatible. Atenas tenía la fuerza naval sin igual de la Liga Délica. ¿Quién ganaría? El general ateniense Tucídides escribió un relato como testigo presencial en su *Historia de la guerra del Peloponeso*.

¿Qué causó la primera guerra? (460-445 a. C.)

Todo comenzó con un levantamiento de los ilotas. Sin embargo, Esparta ya estaba causando problemas antes de eso. Después de ahuyentar a los persas, los atenienses comenzaron a reconstruir su ciudad. Extrañamente, Esparta les dijo que no reconstruyeran las murallas.

"¡Esos locos espartanos! ¿Por qué dejaríamos Atenas desprotegida? ¡Están tramando algo!".

Los atenienses tenían razón. Los espartanos planeaban invadir Atenas. Pero dos desastres distrajeron a los espartanos. Hubo un terremoto que mató a miles de personas. Poco después, los ilotas se rebelaron. Los espartanos enviaron un mensaje a todos sus aliados, pidiendo ayuda. Atenas seguía siendo un aliado. Después de todo, habían luchado codo con codo contra Persia. Pero cuando Atenas envió cuatrocientos hombres, los espartanos los enviaron de vuelta a casa.

Los atenienses se ofendieron. "¿De verdad? ¿Aceptaron la ayuda de todos los demás, pero no la nuestra? ¿Creen que lucharíamos del lado de los ilotas ?".

Los espartanos finalmente lograron controlar a los ilotas. Pero, ¿qué les impediría rebelarse de nuevo? Era hora de que se marcharan. Los espartanos los expulsaron de la península del Peloponeso, lo que cambió radicalmente la estructura de Esparta. Ahora, no todos sus hombres podían servir a tiempo completo en el ejército. Alguien tenía que quedarse en casa y dedicarse a la agricultura. Los atenienses se interpusieron en la situación reasentando a los ilotas en Naupaktos (la actual Naupacto), en un estrecho donde el mar Jónico desemboca en el golfo de Corinto. De este modo, los ilotas controlaban el comercio marítimo y los barcos de la región.

Ciudades clave en la guerra del Peloponeso[33]

¿Qué ocurrió en la primera guerra?

Los atenienses sabían que pronto llegarían a las manos con Esparta. Contaban con la Liga Délica, pero necesitaban cimentar otras alianzas. Se aliaron con Argos y Megara, situadas entre Esparta y Atenas. Estas ciudades eran estratégicas para controlar el golfo Sarónico y el istmo de Corinto. Pero Mégara y Corinto estaban en guerra. Si Atenas se aliaba con Mégara, se vería arrastrada a la guerra. Este conflicto dio comienzo a la primera guerra del Peloponeso en el 460 a. C.

Atenas luchó en dos frentes al mismo tiempo. Ayudó a Libia y Egipto en su intento de abandonar el Imperio persa. Tras enviar doscientas naves al norte de África, Atenas se quedó corta de hombres y barcos para luchar contra Corinto. Atenas perdió las guerras terrestres, pero se anotó una victoria cuando su armada capturó setenta barcos de guerra peloponesios. Cuando Corinto atacó Mégara, la mayoría de los soldados atenienses estaban en el mar. Los ancianos y los jóvenes de Atenas formaron un pequeño ejército y marcharon en ayuda de Mégara. Ganaron la batalla.

En un principio, Esparta se mantuvo al margen de la contienda. Sólo se involucró para ayudar a la ciudad de Doris a luchar contra Fócida. Ambas ciudades estaban cerca del nuevo emplazamiento de los ilotas en Naupaktos, y Esparta quería tener amigos en la zona. Los espartanos derrotaron a Fócida, pero la armada ateniense les bloqueó el camino de regreso al Peloponeso. Los espartanos, enfurecidos, marcharon hacia Atenas. Los atenienses intentaron detenerlos en Beocia, pero perdieron la batalla. Esparta también recibió un golpe brutal. Los espartanos decidieron no atacar Atenas y volvieron a casa.

La armada ateniense entró en juego en ese momento. Navegó por la península del Peloponeso y atacó sus ciudades costeras. Esparta nunca había construido una armada, por lo que no podía luchar contra los atenienses en el mar. Para alivio de los espartanos, los persas obtuvieron una asombrosa victoria en Egipto, destruyendo la flota ateniense. Atenas acordó rápidamente la Paz de los Treinta Años con Esparta y sus aliados del Peloponeso. Sin embargo, la paz sólo duraría la mitad de ese tiempo.

¿Qué desencadenó la segunda guerra?
(431-404 a. C.)

Los corintios provocaron la ruptura de la Paz de los Treinta Años. Se pelearon con su colonia de Córcira, en el norte de Grecia. Cuando los corintios empezaron a construir una flota naval con sus aliados del Peloponeso, Córcira pidió ayuda a Atenas. Atenas envió una pequeña flota a Córcira. Sin embargo, el comandante tenía instrucciones estrictas. "Sólo estáis allí para proteger Córcira. No ataquéis a la flota corintia. Si lo hacéis, romperéis la Paz de los Treinta Años".

El comandante ateniense no pudo resistirse a lanzar un ataque. Supuso que sería una victoria fácil. No lo fue. Atenas tuvo que enviar más barcos para salvar el día. Mientras tanto, otras ciudades-estado del norte de Grecia estaban cada vez más descontentas con la Liga Délica. Enviaban mucho dinero a Atenas y no veían ningún beneficio. Y lo que es peor, los atenienses les mandaban y les decían cómo tenían que gobernar sus ciudades.

Corinto pensó que había llegado el momento de imponerse a Atenas. Los corintios visitaron a los espartanos para ver si podían agitar las cosas. Los atenienses se enteraron y se colaron en la fiesta. Los ancianos de la asamblea espartana fruncieron el ceño mientras los delegados corintios y atenienses intercambiaban golpes. Entonces, los corintios desafiaron a los espartanos. "¡Sois demasiado pasivos! Si no actuáis pronto, os rodearán los atenienses".

Los atenienses saltaron diciendo: "Perderéis si rompéis la Paz de los Treinta Años. ¡Ni siquiera tienen una marina! ¡Y nosotros tenemos la mejor armada del mundo!".

Los espartanos replicaron: "A nuestro modo de ver, vosotros los atenienses ya habéis roto el tratado. La guerra está sobre la mesa".

El general Tucídides de Atenas intentó calmar a los exaltados: "¡Hermanos míos! Pensad. La guerra es impredecible. Calculad los costes antes de lanzaros a la guerra. Cuanto más dura una guerra, más cosas pueden salir mal. Todo el mundo hace la guerra al revés. Se lanzan a la acción sin pensar. Sólo después de sufrir empiezan a pensar".

Tucídides[84]

Comienza la segunda guerra

Para entonces, Mégara se había enemistado con Atenas y se había aliado con Esparta. Atenas estableció un bloqueo, impidiendo que los barcos llevaran grano a Mégara. Megara pidió ayuda a Esparta. Esparta y Atenas acabaron luchando fuera de las murallas de Megara. Atenas nunca había ganado una batalla terrestre contra el feroz ejército de Esparta. Tampoco ganó ésta. Los atenienses se marcharon, pero Esparta llevó la guerra a Atenas.

El asedio de Atenas

Los espartanos rodearon Atenas y robaron todos los productos de las granjas de los alrededores. Pero el general Pericles llevó a la población rural al interior de la ciudad, advirtiendo a todos que no lucharan contra los espartanos. Eso sería suicida. Ordenó traer grano de Jonia y Egipto para alimentar al pueblo. Mientras tanto, la armada ateniense bloqueó cualquier barco que llegara al Peloponeso. Esparta y sus aliados no podían conseguir grano o suministros.

Una horrible plaga azota Atenas

Los atenienses recibían abundantes cargamentos de grano. Tenían suficiente comida. Sin embargo, los barcos trajeron algo más: ¡la peste! Las ratas en los barcos probablemente lo llevaron. Tucídides contrajo la peste. Fue uno de los pocos que se recuperó. Causó diarrea, vómitos e infección pulmonar. La gente se quedaba ciega. Los dedos de manos y pies se ennegrecían y se caían. La peste mató a un tercio de los atenienses, incluido Pericles.

Nadie sabía mucho sobre cómo se propagaban las enfermedades en aquella época. Tucídides observó que si los buitres se comían a los muertos, las aves morían. También observó que si alguien contraía la peste y se recuperaba, no volvía a contraerla. Una de las ventajas de la peste fue que, en cuanto los espartanos se enteraron, huyeron de Atenas a toda velocidad. Los habitantes de la península del Peloponeso no contrajeron la peste. El bloqueo ateniense había impedido que los barcos llegaran a la península.

La paz de Nicias

La plaga terminó y Atenas recuperó lentamente su fuerza. Los atenienses construyeron fuertes alrededor del Peloponeso y su armada volvió a atacar las ciudades costeras. Un día, los espartanos atacaron una fortaleza ateniense, Pilos. ¡Esta vez los atenienses vencieron a los espartanos! Eso nunca había sucedido antes en una batalla terrestre. Los atenienses tenían esperanzas de ganar la guerra.

Esa esperanza se convirtió en preocupación cuando los espartanos marcharon a Tracia. Conquistaron la colonia ateniense de Anfípolis, que tenía minas de plata. Los atenienses, furiosos, exiliaron al general Tucídides por no haber llegado a tiempo a Tracia. El general Cleón de Atenas y el general Brásidas de Esparta murieron en la batalla de Anfípolis. Atenas y Esparta se cansaron de luchar y acordaron poner fin a la guerra.

Atenas y Esparta firmaron la Paz de Nicias, que duró cincuenta años. Intercambiaron prisioneros de guerra y devolvieron la mayor parte de los territorios que se habían arrebatado mutuamente. El tratado de paz sólo duró seis años. El resto de las ciudades del Peloponeso no quisieron saber nada. Formaron una alianza separada y atacaron a Esparta. Esparta derrotó a los rebeldes y les obligó a unirse a la Liga del Peloponeso.

La expedición a Sicilia

El general Alcibíades era la nueva estrella de Atenas, joven y apuesto. Era un estafador. Cuando los embajadores de Esparta llegaron a Atenas para discutir los detalles de la Paz de Nicias, se hizo con el poder. Su objetivo era Siracusa en Sicilia. Sicilia es la isla en la punta de la bota de Italia. Siracusa era una de las ciudades más ricas del mundo. Estaba aliada con Esparta en ese momento.

Había una población local en Sicilia mucho antes de que los griegos establecieran allí colonias. Segesta era una pequeña ciudad local atacada por la ciudad-estado de Selino, situada en la costa occidental de Sicilia. Selino mantenía estrechos vínculos con Siracusa y Esparta. Segesta suplicó ayuda a Atenas. Atenas estuvo encantada de ayudar. Tal vez podrían conquistar Siracusa en el proceso. La expedición siciliana zarpó en el 415 a. C. con 284 barcos y 6.300 soldados. Estaban dirigidos por los generales Alcibíades, Lámaco y Nicias.

Ruta en barco de Atenas a Siracusa[35]

Mientras la flota se acercaba a Sicilia, los tres generales discutieron su estrategia. Nicias quería un enfoque moderado. "Detendremos el ataque de Selino a Segesta, navegaremos alrededor de Sicilia para que todos vean el tamaño de nuestra flota, y luego volveremos a casa".

Alcibíades pensó que el plan de Nicias no iba lo suficientemente lejos. "Deberíamos aliarnos con las ciudades jonio-griegas de Sicilia. ¡Juntos, podemos tomar Siracusa!".

Lámaco tenía un plan aún más audaz. "Siracusa no nos espera. ¡Deberíamos navegar a Siracusa primero y capturar la ciudad antes de que sepan lo que está pasando!".

Después de discutir un poco, los generales acordaron llevar a cabo el plan de Alcibíades. Eso no salió bien. Los griegos jónicos no querían atacar Siracusa. Entonces, llegó un barco de Atenas. Su capitán capturó a Alcibíades. "Vendrás con nosotros a Atenas. ¡Tienes que ser juzgado!".

En Atenas, alguien había dañado varias estatuas del dios Hermes. Culparon a Alcibíades. Abordó el barco, pero escapó cuando llegó a Italia. Enfadado con Atenas, se convirtió en traidor y ofreció sus servicios a los espartanos. Éstos agradecieron su conocimiento de Atenas.

La extraña batalla de las murallas

Cuando Alcibíades informó a los espartanos del plan ateniense de tomar Siracusa, Esparta envió su flamante armada a Sicilia. Mientras tanto, los atenienses habían comenzado el asedio de Siracusa. Pero habían perdido el factor sorpresa. Siracusa rápidamente construyó una nueva muralla para proteger la ciudad. Entonces, los atenienses comenzaron a construir un muro para bloquear el puerto de Siracusa. Al darse cuenta de su plan, los siracusanos empezaron a construir una contramuralla que iba directamente de la ciudad al puerto. Ambos bandos asaltaron la muralla del otro para impedir que se levantara.

Durante una incursión, los siracusanos mataron al general Lámaco, dejando sólo a Nicias al mando. Nicias tuvo problemas para decidir qué hacer. Perdió mucho tiempo. No terminó el muro que bloqueaba el puerto antes de que llegaran los barcos de Esparta. Cuando la flota de Esparta desembarcó con 2.700 hombres, Nicias decidió iniciar una batalla naval. Eso no salió bien.

Justo cuando Nicias decidió volver a Atenas, se produjo un eclipse lunar. Nicias era muy supersticioso. Visitó a un adivino (alguien que predice el futuro consultando a seres sobrenaturales o utilizando la intuición y la lógica). El adivino le dijo a Nicias que el eclipse significaba que debía esperar veintisiete días antes de hacer nada. El retraso fue fatal. Las flotas siracusana y espartana atraparon a los barcos atenienses en el puerto y los hundieron. Rodearon al ejército terrestre ateniense, matando a miles de hombres. Encarcelaron al resto. La mayoría de los hombres murieron de hambre.

La tercera ola

Tras la devastadora derrota de Atenas en Sicilia, Esparta lanzó un feroz asalto a Decélea, que estaba justo al norte de Atenas. Esto cortó los suministros desde el norte de Grecia. Esparta también recuperó las minas de plata de Atenas en Tracia. Siracusa envió una flota a Grecia, y los persas construyeron más barcos para Esparta. Querían que Grecia se desgarrara. Los persas también retomaron Jonia. Para empeorar las cosas, Atenas experimentó una revuelta política y rechazó la democracia. La armada de Atenas se negó a reconocer el nuevo liderazgo.

Alcibíades[36]

Alcibíades volvió a cambiar de bando cuando el rey Agis de Esparta descubrió que tenía una aventura con su esposa. La armada de Atenas lo nombró su nuevo almirante. Alcibíades era un buen comandante. Llevó a la armada ateniense a una increíble victoria en el 410 a. C. Aplastó las flotas de Esparta y Siracusa. También recuperó Jonia. Los atenienses estaban tan contentos de que volvieron a abrazar la democracia.

Pero entonces, Alcibíades perdió una batalla contra los espartanos en Éfeso, en la costa occidental de Turquía. Atenas lo expulsó como general. Atenas ejecutó a otros seis generales. Aunque habían hundido setenta barcos espartanos, una repentina tormenta les impidió rescatar a sus propios hombres.

Sin Alcibíades y estos otros experimentados generales, la armada ateniense estaba paralizada. Esparta dominaba el mar Egeo y los Dardanelos. Los espartanos cortaron los envíos de grano desde el mar Negro a Atenas. Cuando Atenas zarpó para enfrentarse a la armada espartana, sufrió una derrota en la batalla de Egospótamos. Perdieron 168 barcos y 4.000 marineros.

Resultados

Sin armada, la guerra había terminado para Atenas. La ciudad y sus aliados se rindieron en 404 a. C. Tuvieron que derribar las murallas de la ciudad y entregar los barcos de guerra que les quedaban a Esparta. Ya no tenían ciudades-estado que les enviaran tributos. Esparta sustituyó a Atenas por su propio imperio. Colocó sus propios gobernadores y puestos militares en ciudades de toda Grecia. Esparta expulsó a la democracia. Impone su sistema *oligárquico* (gobierno de los ancianos) en toda Grecia.

Actividad de repaso: ¿Verdadero o falso?

¿Puedes decir qué afirmaciones son verdaderas y cuáles falsas? Comprueba tus respuestas en la contraportada del libro.

1. Homero fue testigo presencial de la guerra del Peloponeso. ( )
2. Los atenienses reasentaron a los ilotas en Naupaktos. ( )
3. Atenas también luchó en el norte de África durante la primera guerra. ( )
4. Tucídides pensaba que ir a la guerra era una gran idea. ( )
5. La peste no mató a mucha gente en Atenas. ( )
6. La Paz de Nicias, que debía durar cincuenta años, sólo duró seis. ( )
7. La guerra se trasladó a Sicilia cuando Atenas aceptó ayudar a Segesta. ( )
8. El general Nicias tomó decisiones rápidas y acertadas que ganaron la guerra en Sicilia. ( )
9. Alcibíades cambió de bando, sirvió a Esparta un tiempo y luego volvió a Atenas. ( )
10. Atenas ganó la batalla final de Egospótamos contra Esparta. ( )

Capítulo 8: Alejandro Magno

¿Quién iba a imaginar que la poco conocida Macedonia conquistaría toda Grecia? ¿Quién iba a pensar que un ejército macedonio-griego unido acabaría con el Imperio persa? Alejandro y su padre, Filipo, eran hombres con grandes sueños. Tenían el coraje y la habilidad para perseguir esos sueños. Y esos sueños se hicieron realidad. Alejandro gobernó un imperio que abarcaba tres continentes.

Las conquistas del rey Filipo

Macedonia era una nación grande pero pobre al norte de Grecia. El padre de Filipo II era el rey. Filipo era el menor de los tres hijos de su padre. Cuando el padre de Filipo murió, su hermano mayor, Alejandro II, se convirtió en rey (no confundir con Alejandro Magno). Tebas se alzó con el poder sobre Grecia y sus vecinos. El general Pelópidas obligó al rey Alejandro a aliarse con Tebas. Alejandro tuvo que enviar a su hermano menor Filipo como rehén a Tebas. Esto se hizo para asegurar que Alejandro permaneciera leal a Tebas.

Ptolomeo, amante de la madre de Filipo, asesinó a Alejandro para hacerse con el trono. Aunque el hermano mediano, Pérdicas, era oficialmente rey, era demasiado joven para gobernar. Ptolomeo gobernó como su regente (gobernante adulto representativo) hasta que Pérdicas creció y lo mató. Mientras tanto, Filipo II vivió en Tebas como rehén. Fue bien tratado y educado en las artes militares tebanas.

Pérdicas murió en batalla, por lo que Filipo II se convirtió en rey. Filipo quería ser el gobernante del mayor imperio del mundo. Inventó una nueva arma, la *sarissa*, una lanza tres veces más larga que un hombre. Con su ejército imbatible y sus mortíferas sarisas, se dispuso a cumplir su sueño. Filipo capturó las actuales Albania, Bulgaria, Serbia y Kosovo. Invadió Tracia, se apoderó de las minas de plata de Atenas y tomó el control de Grecia central.

Alejandro y Aristóteles

Alejandro III (Alejandro Magno) era hijo de la cuarta esposa de Filipo, Olimpia. Filipo contrató a Aristóteles para que enseñara a Alejandro cuando tenía trece años. El famoso filósofo le enseñó ética, política y pensamiento lógico. A Alejandro le resultaron útiles estas habilidades a la hora de hacer juicios rápidos. También le ayudaron cuando tuvo que establecer un gobierno en su nuevo imperio.

Aristóteles dio a leer a Alejandro muchos de los clásicos griegos. El libro favorito de Alejandro era la *Ilíada*, la historia de la guerra de Troya. Lo leyó mucho. Era información práctica que Alejandro podía aplicar a la guerra. Alejandro no se cansaba de leer las historias de Aquiles, que se convirtió en su modelo a seguir. Cuando condujo su ejército al noroeste de Turquía, se detuvo en las ruinas de la antigua Troya para honrar la tumba de Aquiles.

El arte de la guerra

Aristóteles enseñó a Alejandro a pensar, pero su padre le enseñó a luchar. Alejandro aprendió a montar a caballo y a luchar cuando era niño. Cuando Alejandro tenía dieciséis años, Filipo lo puso al mando de Macedonia cuando se fue a la guerra. Alejandro tuvo que defenderse de las tribus rebeldes en ausencia de su padre. Ambos solían ir juntos a la guerra. A veces, Filipo enviaba a su hijo adolescente a dirigir un ejército por su cuenta.

Cuando Alejandro tenía dieciocho años, libró con Filipo la batalla de Queronea contra Tebas, Corinto y Atenas. Filipo estaba a la derecha del ejército macedonio, frente a Atenas. Alejandro comandaba el flanco izquierdo contra Tebas. Otros oficiales macedonios luchaban contra los corintios en el centro. El ejército griego se extendía a lo largo de cinco kilómetros. Alejandro destruyó a los tebanos. Filipo y sus otros generales vencieron a Atenas y Corinto.

La victoria de Macedonia convenció a los griegos para unirse a los macedonios. En 337 a. C., las ciudades-estado griegas se unieron a

Macedonia en la Liga de Corinto. Juraron no luchar entre ellos para poder luchar juntos contra Persia. Filipo sería su comandante en jefe. El primer movimiento de Filipo fue enviar al general Parmenión a través del mar Egeo con diez mil soldados. Sus órdenes eran liberar a las ciudades-estado griegas de Jonia del dominio persa.

Filipo II de Macedonia[87]

Veneno persa

Mientras tanto, el Imperio persa era un caos. Los reyes persas tenían muchas esposas y concubinas. Las concubinas eran parejas sexuales del rey y de otros hombres de alto estatus. Normalmente eran mujeres extranjeras y no esposas oficiales. Por lo general, las concubinas tenían un estatus de sirvientas, pero algunas alcanzaron una posición bastante elevada gracias a las intrigas palaciegas.

Debido a sus numerosas esposas y concubinas, los reyes persas a menudo tenían cien hijos o más. Un rey, Artajerjes III, mató a ochenta de sus hermanastros en un día, poco después de llegar al trono. No quería que ninguno de ellos liderara una revuelta contra él. Varios años después, su oficial en jefe Bagoas lo envenenó a él y a cualquier otro varón de la realeza que sobreviviera a la purga anterior.

Con todos los varones reales muertos, Bagoas presentó a un joven a la corte. "Este es Darío III. ¡Es el bisnieto de Darío el Grande!".

Darío III había sido gobernador de Armenia. También fue administrador real de correos. Nada lo había preparado para dirigir un imperio. Bagoas quería que Darío fuera una figura decorativa para que Bagoas pudiera dirigir las cosas. Darío no quería que Bagoas tuviera el control. Así que Bagoas decidió envenenarlo a él también. Pero entonces, Darío le entregó a Bagoas su copa de vino. "¡Brinden por mí!"

Bagoas cogió la copa, temblando. Sabía que contenía veneno, pero ¿qué podía hacer? Con Bagoas muerto, Darío podía centrarse en defender su imperio contra la amenaza macedonio-griega.

Asesinato inesperado

En Macedonia, el rey Filipo celebró una boda para su hija. Al entrar en la sala del banquete, su guardaespaldas y antiguo amante, celoso, le clavó una daga entre las costillas. Filipo cayó al suelo en un charco de sangre. La nobleza macedonia contempló horrorizada a su rey muerto. Filipo sólo tenía tres hijos. Arrideo tenía problemas *cognitivos* (mentales). Cárano era todavía un bebé. Los generales de Macedonia rodearon a Alejandro y lo coronaron como su nuevo rey.

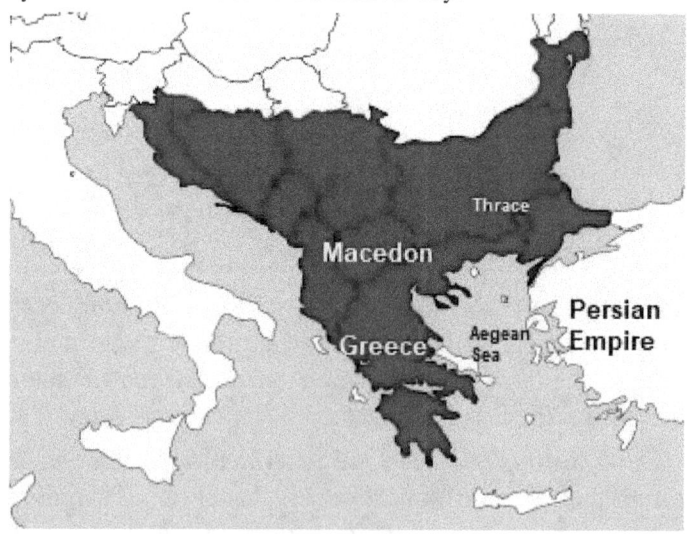

En el momento de su asesinato, Filipo gobernaba la mayor parte de la península balcánica[38]

La reconquista de Grecia

Tras enterarse de la muerte de Filipo, Atenas y Tebas abandonaron la Liga de Corinto. Tesalia, Tracia y Corinto siguieron su ejemplo. Otras ciudades consideraron sus opciones. El proyecto de los macedonios de apoderarse del Imperio persa estaba en peligro.

Alejandro marchó hacia el norte de Grecia. El ejército tebano le esperaba en el paso del monte Olimpo. Alejandro los tomó por sorpresa. Tomó un camino diferente alrededor de la montaña por la noche. Cuando se presentó en la retaguardia de los tebanos a la mañana siguiente, los cogió desprevenidos. Inmediatamente se rindieron.

Alejandro marchó hacia el sur de Grecia, donde Atenas y Corinto se disculparon con él. Los griegos le aseguraron que volverían a unirse a la liga. Alejandro giró hacia el norte. Su siguiente objetivo fue Tracia. Le tomó un año lograr que Tracia se sometiera.

Mientras tanto, Atenas y Tebas se habían echado atrás de nuevo. Alejandro estaba exasperado y cansado de este juego. La primera vez les había perdonado la vida. Sabía que tenía que dar ejemplo de lo que ocurría con los rebeldes. Golpeó a Tebas, esclavizó a su pueblo y regaló sus tierras de cultivo a las ciudades cercanas. Atenas pidió clemencia. Alejandro se la dio.

Alejandro se enfrenta al Imperio persa

Grecia, Tracia y Macedonia estaban juntas de nuevo. Era hora de atacar a Persia. En 334 a. C., Alejandro y cuarenta mil hombres cruzaron los Dardanelos hacia Asia. Cuando el rey Darío III se enteró, se encogió de hombros y permaneció en su palacio. "¿Qué puede hacer este muchacho de veintidós años? Mis generales lo perseguirán".

Los generales persas en Turquía occidental eran guerreros experimentados. Eligieron como campo de batalla el río Gránico. Se alinearon en un acantilado que dominaba el río, obligando al ejército de Alejandro a acercarse a ellos. El rápido y agitado río tenía dieciocho metros de ancho y de profundo llegaba a la cintura de un hombre. El sol se estaba poniendo. Los persas esperaban que Alejandro acampara y cruzara el río por la mañana.

Sin embargo, a Alejandro le encantaba coger desprevenidos a sus enemigos. Sus hombres tomaron posiciones rápidamente. Su infantería de élite, con lanzas tres veces más largas que un hombre, estableció su posición de falange en el centro. Alejandro condujo a sus jinetes macedonios a la derecha. El resto de su caballería se alineó a la izquierda. Los guiaba un experimentado general llamado Parmenión.

Alejandro dirigió la carga mientras el cielo se ennegrecía con las flechas persas. Su caballería cruzó el río al galope y trepó por el escarpado acantilado. Esto distrajo a los persas y permitió a la infantería griega vadear el río.

Cuando el caballo de Alejandro alcanzó la cima de la empinada ladera, Alejandro clavó su lanza en Mitrídates, yerno del rey Darío. Pero el hacha de guerra de un gobernador persa, Mitrídates, se estrelló contra el casco de Alejandro, partiéndolo por la mitad. Milagrosamente, Alejandro no resultó herido de gravedad. Su mejor amigo, Clito el Negro, atravesó con su lanza a Espitrídates.

Para entonces, el resto del ejército de Alejandro ya había cruzado el río. Subieron a duras penas por el acantilado. Cuando llegaron a la cima y se pusieron en formación con lanzas de seis metros, a los persas les temblaban las rodillas. Nunca se habían enfrentado a una falange griega. Nunca habían visto lanzas tan largas. Los persas, presas del pánico, salieron corriendo del campo de batalla.

Tras esta victoria, las ciudades jonias bajo control persa se rindieron. Alejandro atacó los puertos de Mileto y Halicarnaso, paralizando la armada persa. A su paso por Frigia, alguien le señaló el

Alejandro, esculpido en el siglo 3rd a. C. por Menas[39]

Nudo Gordiano. "Dicen que el rey Midas lo ató. Cualquiera que pueda desatarlo será el gobernante de toda Asia".

Alexander inspeccionó el nudo. En realidad estaba formado por varios nudos enredados. Alexander frunció el ceño. Luego, sonrió. "¿Regidor de toda Asia, dices?".

Sacó su espada y cortó el nudo en dos. "¡Hecho!".

Darío huye

"¡Idiotas!" El Rey Darío gruñó. "¡Huyeron del campo de batalla! Tendré que dirigir la próxima batalla yo mismo".

El ejército de Alejandro marchó hacia el sur a lo largo de la costa mediterránea, cerca de la frontera de Turquía con Siria. Sin previo aviso, Darío y su ejército les sorprendieron por la espalda. Atraparon a los griegos entre las montañas y el mar en el río Pinarus. Pero los hombres de Alejandro conocían el procedimiento. Formaron como un reloj. Usaron las mismas posiciones probadas que en la batalla anterior.

Los persas utilizaron mercenarios griegos para luchar por ellos. Las fuerzas griegas de Darío estaban en el centro. La caballería de Darío estaba junto al mar. Sus soldados persas a pie se extendían a lo largo del río hasta las estribaciones.

Algunos soldados persas a pie cruzaron el río. Querían atraer a la caballería macedonia. Mientras tanto, la caballería persa cargó sobre el río, chocando contra la caballería del general Parmenión en el lado izquierdo.

Alejandro dirigió una carga de caballería en el ala derecha. Sus hombres desbarataron a la infantería persa. Sin embargo, sus soldados de infantería en el centro se atascaban en el caudaloso río. No podían moverse con sus pesados escudos y largas sarisas. No se atrevían a adentrarse más. Cuando Alejandro echó un vistazo y vio que su infantería se retiraba del río, cargó directamente hacia el carro del rey Darío. Cuando Darío vio que Alejandro corría hacia él, hizo girar su carro y salió corriendo del campo de batalla. Cuando sus hombres vieron huir a su rey, se miraron unos a otros, preguntándose qué hacer. Una mirada a los caballos griegos que se dirigían hacia ellos zanjó la cuestión. Huyeron a toda velocidad con los griegos persiguiéndoles.

Rey Darío III de un mosaico de Pompeya[40]

Darío estaba tan asustado que dejó atrás a su madre, a su esposa embarazada y a sus dos hijas. Los persas tenían la costumbre de llevarse a sus mujeres cuando iban a la guerra. Alejandro se llevó a las mujeres y a las niñas con él. Las trató con amabilidad. Cuando la reina murió de parto, la honró con un funeral real. Tras conquistar el imperio, Alejandro se casó con Estatira II, una de las hijas de Darío.

El ejército de Alejandro marchó hacia el sur. Todas las ciudades fenicias de la costa del Líbano se rindieron. La antigua Tiro fue la única que resistió. La ciudad estaba en una isla y rodeada de altas murallas. Durante siete largos meses, Alejandro trató de entrar en la ciudad. Construyó una calzada a la isla, pero los barcos de Tiro atacaban constantemente a los trabajadores. Finalmente, los griegos jónicos, los otros fenicios y los habitantes de la isla de Chipre ofrecieron sus barcos. Alejandro atacó Tiro con una flota de 220 barcos y tomó la ciudad. Crucificó a dos mil hombres y esclavizó al resto.

Egipto había pasado siglos tratando de deshacerse de los persas. Los egipcios vitorearon la llegada de Alejandro. Lo coronaron nuevo faraón y le entregaron el tesoro real. Alejandro construyó la ciudad de Alejandría en la costa mediterránea. Alejandría se convirtió en la capital de Egipto. Era una base naval clave y un bullicioso centro de artistas **helenísticos** (griegos), científicos, filósofos y líderes religiosos.

¿Puedo recuperar a mis mujeres?

Mientras Alejandro estaba en Egipto, Darío le escribió pidiéndole que le devolviera a su madre y a sus hijas. "Te daré la mitad de mi imperio, una fortuna en oro y a una de mis hijas en matrimonio".

Alejandro rio entre dientes. "Tengo las dos hijas, y no pienso parar hasta tener todo el imperio".

Los dos reyes se enfrentaron en la batalla de Gaugamela, en el norte de Irak. Esta vez, Darío tenía elefantes de guerra y carros con guadañas. Los carros tenían cuchillas de tres pies que sobresalían de los cubos de las ruedas. Podían cortar la pierna de un hombre. Sin embargo, la falange macedonia era muy flexible. La infantería simplemente se desplazaba para dejar pasar a los carros.

El rey Darío estaba en el centro de su ejército. Alejandro dirigió su caballería por el costado. Flanquearon a los persas y los sacaron del centro. Darío entró en pánico y huyó, seguido por sus hombres. Intentó reagruparse, pero uno de sus gobernadores lo asesinó, poniendo fin al Imperio persa-aqueménida.

Batalla de Gaugamela⁴¹

Intercambio cultural

Alejandro marchó hacia el sur y entró en Babilonia. Respetó la cultura de Oriente Próximo y empezó a vestirse como los lugareños. Sus hombres griegos y macedonios pensaron que esto era un poco extraño.

Creyeron que había ido demasiado lejos cuando empezó a exigirles que se inclinaran y besaran el suelo. Babilonia se convirtió en el cuartel general de Alejandro e hizo planes para devolverle su antigua gloria.

Alejandro nombró líderes para supervisar todas las provincias y ciudades que conquistó. Mantuvo a la mayoría de los mismos gobernantes. Todo lo que tenían que hacer era jurarle lealtad. Fundó docenas de ciudades con el nombre de Alejandría. Se convirtieron en centros de una nueva fusión cultural de las culturas griega y de Oriente Próximo.

Hacia el subcontinente indio

Alejandro se dirigió a la frontera oriental del Imperio persa, en el río Yaxartes, en la actual Tayikistán. Conquistó las tribus nómadas de Asia Central. Por el camino, capturó a Roxana, una bella princesa del pueblo sogdiano, y se casó con ella. Cuando Alejandro llegó al río Yaxartes, siguió adelante. Cruzó las montañas del Hindukush hasta Pakistán. Pero sus soldados habían estado lejos de casa durante diez años. Estaban agotados. Querían estar con sus familias. Así que se negaron a dar otro paso hacia el este.

Muerte súbita y división del imperio

Alejandro no tuvo más remedio que regresar a Babilonia. Organizó una boda. Ochenta princesas persas se casaron con sus oficiales. Se casó con dos princesas el mismo día: La hija de Darío III y la hija de Artajerjes III. Poco después de conocer la emocionante noticia de que su primera esposa, Roxana, estaba embarazada, enfermó. Murió a la edad de treinta y dos años. Nunca había perdido una batalla.

La inesperada muerte de Alejandro sumió al nuevo imperio en la confusión. No había elegido herederos. ¿El hijo nonato de Roxana era niño o niña? ¿Quién debía gobernar ahora? ¿Cómo podía una sola persona gobernar tres continentes? Finalmente, sus generales decidieron dividir el imperio entre ellos. El hijo de Roxana (si era varón) y Arrideo, el hermano de Alejandro con problemas cognitivos, serían reyes conjuntos. El general Pérdicas sería regente. Cada uno de los generales tomaría una parte del imperio para gobernar. Sin embargo, sus planes se vinieron abajo en pocos meses.

Alejandro siguió los pasos de su padre. Logró unir a Grecia. Alejandro incluso conquistó la superpotencia mundial de su época. Es uno de los comandantes militares más exitosos de la historia. Sus tácticas militares aún se estudian hoy en día. A la edad de treinta y dos años, había creado el mayor imperio que el mundo había visto hasta entonces. Las conquistas de Alejandro difundieron la cultura greco-helenística por todo su nuevo imperio, dando comienzo a la Era Helenística, una época de asombrosos avances científicos y artísticos.

Actividad de repaso: Cuestionario

1. ¿De qué manera influyeron la crianza y la educación de Alejandro en su estilo de liderazgo y su enfoque de la guerra?

2. ¿Cuáles fueron algunas de las principales tácticas militares que utilizó Alejandro Magno en sus conquistas? ¿Cómo contribuyeron estas tácticas a su éxito?

3. ¿Qué acontecimientos desestabilizaron Persia poco antes de la invasión de Alejandro?

4. ¿Cómo veía Alejandro las culturas orientales? ¿Qué cambios culturales fomentó y cómo lo hizo?

5. ¿Cuál fue el legado duradero de Alejandro?

Capítulo 9: La época helenística

"¡Este es el anillo de Alejandro!" El general Pérdicas sostuvo el anillo en alto. "Me lo dio en su lecho de muerte. Gobernaré como regente de Arrideo y del hijo de Roxana".

El consejo de generales estalló en cólera. "¿Cómo sabemos que Roxana tendrá un hijo? Arrideo ni siquiera es apto para gobernar".

"Es el único hermano vivo de Alejandro. Sí, no es brillante, pero podemos guiarlo", insistió Pérdicas. "Si Roxana tiene una niña, Arrideo será nuestro rey. Si tiene un niño, tendremos dos reyes".

"Y tú tendrás todo el poder", se quejaron los generales.

"*Todos* tendremos poder", afirmó Pérdicas. "Cada uno de vosotros gobernará una parte del imperio".

La partición de Babilonia

¿Cómo era ese nuevo plan de liderazgo, que contemplaba la partición de Babilonia? Pérdicas comandaría el ejército y sería el regente del bebé de Roxana (si tenía un hijo varón) y de Arrideo. Los otros generales, llamados los ***Diadocos*** (sucesores), tomaron cada uno una sección del imperio. Antípatro, Ptolomeo y Antígono fueron los principales protagonistas. El general Antípatro siguió gobernando Grecia y Macedonia. Alejandro lo había nombrado regente cuando estaba lejos conquistando el Imperio persa. Egipto pasó a manos del general Ptolomeo. El tuerto Antígono se quedó con el suroeste de Turquía.

Con eso resuelto, Pérdicas caminó por el palacio hasta la habitación de Roxana. "Es hora de atar algunos cabos sueltos".

Roxana asintió. "Lo tengo todo preparado".

Entraron en la habitación de las dos esposas persas de Alejandro, Estatira y Parisátide II. Pérdicas les dijo a las princesas. "Los generales han tomado su decisión. Gobernarán las provincias. Yo seré regente para Arrideo y el hijo de Roxana, en caso de que sea varón"..

La princesa Parisátide frunció el ceño. "¿Qué pasará con nosotros?".

Roxana sonrió tranquilizadora. "Puedes volver a Persia o quedarte aquí en Babilonia. Ahora, brindemos por nuestro difunto esposo y por el futuro de su imperio".

Pérdicas abrió una nueva botella y sirvió cuatro copas. Entregó una a cada mujer y bebió un largo trago de su copa. "Que el legado de Alejandro perdure".

Las tres mujeres bebieron de sus tazas. Luego, Pérdicas y Roxana siguieron dando palabras tranquilizadoras por un rato hasta que se marcharon. Mientras caminaban por el pasillo, Pérdicas se volvió hacia Roxana. "¿Cómo?".

Roxana se rio. "El veneno estaba en las tazas, no en la botella. Morirán en unas horas".

Guerras de los diádocos

Roxana tuvo un niño varón dos meses después. Lo llamó Alejandro IV. Arrideo se casó con su sobrina, Eurídice, en una boda organizada por Pérdicas. Mientras tanto, el general Tolomeo robó el cuerpo de Alejandro cuando se dirigía a Macedonia para ser enterrado. Dijo: "Alejandro quería que lo enterráramos en Egipto. Cumplo su petición". A día de hoy, nadie sabe dónde se encuentra la tumba de Alejandro.

En el año 322 a. C., los atenienses se rebelaron contra el dominio de Antípatro sobre Grecia en la guerra lamiaca. Lo expulsaron del sur de Grecia. Antípatro habría perdido la guerra si el general Crátero de Macedonia no hubiera acudido al rescate. Juntos, aplastaron al ejército ateniense en Tesalia. Tras esta devastadora derrota, Antípatro acabó con la democracia en Atenas. Obligó a los atenienses a someterse a un consejo de ancianos.

Seleuco I[a]

Pérdicas no duró mucho como regente. Sus oficiales se rebelaron y lo mataron. Los generales llegaron a un nuevo acuerdo. Antípatro se convirtió en regente de Arrideo y Alejandro IV, que tenía dos años de edad. Se los llevó a Macedonia. Seleuco, uno de los oficiales implicados en el complot contra Pérdicas, se convirtió en el gobernante de Babilonia. Con el tiempo formó el Imperio seléucida, que cubrió Oriente Próximo en su apogeo.

Antípatro murió en 319 a. C. En su testamento nombró al general Polipercón como su sustituto. Pero el hijo de Antípatro, Casandro, se negó a aceptarlo. Se alió con Ptolomeo y Antígono. Atacaron a Polipercón. Polipercón no pudo defenderse de tres ejércitos. Se llevó a Roxana y al pequeño Alejandro a Epiro, en el noroeste de Grecia, donde esperaba que estuvieran a salvo.

La madre de Alejandro Magno, Olimpia, se vio involucrada en el 317 a. C. Arrideo era hijo de su rival, una de las otras esposas de Filipo. Ella quería que su nieto, Alejandro IV, se sentara en el trono. Atacó Macedonia con el general Polipercón. Los soldados se negaron a luchar contra la madre de Alejandro Magno. Olimpia ordenó la ejecución de Arrideo. Eurídice se suicidó.

Olimpia, la madre de Alejandro Magno⁴⁵

Todo se vino en contra de Olimpia cuando Ptolomeo, Antígono y Casandro atacaron con éxito a Macedonia. Olimpia fue lapidada hasta la muerte. Polipercón escapó al sur de Grecia. Casandro gobernó Macedonia y el norte de Grecia. Encerró a Roxana y al niño rey Alejandro en una torre durante años. Finalmente, los envenenó. Para ese momento, a nadie le importaba. Los generales se habían vuelto tan poderosos que eran reyes por derecho propio. Antígono gobernaba Turquía, Líbano y Siria. Ptolomeo seguía siendo el faraón de Egipto. Seleuco controlaba gran parte de Oriente Medio.

Enfrentamiento en Ipsos

En el año 302 a. C., el sur de Grecia (excepto Esparta) se unió bajo el mando de Demetrio, hijo de Antígono. Su enemigo Casandro consiguió apoyos en el norte de Grecia. También contaba con el apoyo del general Lisímaco en Tracia. Casandro invitó a Seleuco a unirse a ellos en la guerra contra Antígono y Demetrio. Seleuco estaba terminando una guerra en el norte de la India. Perdió, pero llegó a un acuerdo. El rey Chandragupta Maurya le dio quinientos elefantes de guerra. Seleuco le dio a Chandragupta su hija para casarse.

Seleuco marchó a Turquía desde la India con sus elefantes. Con Lisímaco marchando desde Tracia, Antígono necesitaba desesperadamente que Demetrio viniera a ayudarle. Demetrio bloqueó los Dardanelos cuando Casandro intentó enviar tropas. Casandro embarcó a sus hombres, pero sólo un tercio de las naves logró llegar. Demetrio capturó algunos y una tormenta hundió los demás. En la batalla de Ipsos, Antígono y Demetrio contaban con setenta mil soldados, diez mil de caballería, así como setenta y cinco elefantes. Los aliados contaban con sesenta y cuatro mil soldados de infantería, quince mil de caballería y quinientos elefantes de Seleuco.

Seleuco lanzó una carga de doscientos elefantes. Superaba claramente a los setenta y cinco elefantes de Demetrio. El principal problema era que la caballería de Demetrio no estaba a la altura del desafío. Los caballos galoparon fuera del campo. Sin embargo, los soldados de a pie de Antígono comenzaron a hacer retroceder a las fuerzas aliadas.

Demetrio controló a su caballería y jinetes volvieron al campo. Era el momento de que Seleuco sacara el resto de los elefantes. Las enormes bestias asustaron a los caballos de Demetrio y los volvieron a sacar del campo. Seleuco llevó sus caballos al otro lado, destrozando la falange de Antígono. El rey Antígono murió bajo una lluvia de jabalinas. Demetrio huyó a Grecia.

La cultura helenística transforma Asia, África y Europa

A medida que los griegos establecían ciudades en el norte de África y Asia, difundían sus conocimientos filosóficos, artísticos y científicos. Los griegos recogieron aspectos de las culturas del norte de África, Oriente Próximo y la India. Al interactuar con Grecia, Roma imitó las esculturas, la literatura y otros elementos culturales griegos, extendiendo la cultura helenística por toda Europa.

Antioquía en Siria y Alejandría en Egipto eran dos centros dinámicos del helenismo. Alejandría era el centro intelectual. Poseía una alucinante biblioteca de medio millón de pergaminos sobre historia, literatura, religión y ciencia. Tenía observatorios para estudiar astronomía y laboratorios para desarrollar la ciencia. Allí enseñaban matemáticos como Euclides y Eratóstenes.

Ptolomeo II, segundo faraón macedonio de Egipto"

Alejandro Magno y sus sucesores hablaban y escribían griego koiné. Se convirtió en la lengua común en el Mediterráneo y Oriente Próximo. Ptolomeo II, el segundo faraón macedonio de Egipto, hizo traducir el Tanaj (Antiguo Testamento) judío al griego koiné. Esta traducción de la Septuaginta se utilizaba en las sinagogas judías en tiempos de Jesús. Los Apóstoles escribieron el Nuevo Testamento en griego koiné.

¿Qué fue de las ciudades-estado griegas?

La población de Esparta disminuía rápidamente. Más de dos tercios de sus hombres habían muerto en combate. Los combatientes tuvieron problemas para mantener sus granjas una vez que los ilotas se fueron. Unas pocas familias ricas poseían gran parte de la tierra. Todos los demás sufrían una deuda aplastante. No tenían forma de alimentar a sus familias. En 245 a. C., Agis IV se convirtió en uno de los reyes de Esparta. Tenía ideas para una reforma radical. Planeaba perdonar todas las deudas y redistribuir todas las tierras de labranza para que todas las familias volvieran a tener la misma parcela.

Los ricos terratenientes no querían renunciar a sus tierras. Tenían al otro rey, Leónidas, de su parte. Cuando el consejo votó, Agis perdió por un voto. Pero entonces Agis sacó su carta de triunfo. "¿Puedo recordar al consejo que Leónidas es más persa que espartano? Creció en Persia y se casó con una mujer persa, lo que va en contra de nuestra ley. Vive una vida de lujo en lugar de nuestras sencillas costumbres espartanas".

Funcionó. El consejo echó a Leónidas. Agis decidió aplazar la redistribución de la tierra. Esa política parecía demasiado radical. Sin embargo, canceló las deudas de todos. Pero cuando se dirigió a la guerra, Leónidas se coló de nuevo en la ciudad y tomó su trono de nuevo. Cuando Agis regresó, Leónidas lo estranguló.

Cleómenes era hijo de Leónidas. Un día, volvía de un viaje de caza cuando su padre le anunció que había concertado un matrimonio para él.

"¿A quién?".

"A Agiatis, la viuda de Agis".

Cleómenes sabía que su padre quería el patrimonio de la mujer rica. ¿Cómo iba a funcionar este loco matrimonio? Su padre había matado al marido de ella. Contra todo pronóstico, la improbable pareja se llevó bien. Agiatis apoyó con entusiasmo los planes de reforma de su primer marido. Convenció a Cleómenes para que los llevara a cabo.

Cuando Cleómenes se convirtió en rey, introdujo el plan de redistribución de tierras de Agis. Empezó por sus propias tierras, que entregó para que fueran repartidas. Sus amigos y familiares siguieron su ejemplo. Todos los grandes terratenientes se vieron obligados a renunciar a sus tierras. A Esparta sólo le quedaban dos mil ciudadanos varones, y la tierra se dividió entre ellos y los no ciudadanos perioikoi.

Las reformas de Cleómenes fueron un buen comienzo, pero la población de Esparta disminuía a un ritmo alarmante. Los hombres jóvenes seguían viviendo en los cuarteles, por lo que sus esposas no tenían muchos hijos. Y entonces, en 222 a. C., sucedió. Esparta sufrió una horrible derrota contra Macedonia en la batalla de Selasia. Sólo doscientos hombres de Esparta sobrevivieron. Esparta estaba al borde de la extinción.

El reino macedonio amenazaba con engullir a todas las ciudades-estado de Grecia. Si querían sobrevivir, tenían dos opciones. Las ciudades griegas podían someterse a otro poderoso reino helenístico, como Egipto o el Imperio seléucida. La segunda opción era unirse a una liga griega y aliarse con otras ciudades-estado griegas. Atenas tomó la primera opción y se alió con Egipto. No funcionó. Atenas cayó ante Macedonia en el año 261 a. C. en la guerra crémonidea.

La Liga Etolia y la Liga Aquea eran las dos ligas griegas más poderosas. La Liga Etolia, en Grecia central, luchó con éxito contra Macedonia. En 279 a. C., protegió el templo de Apolo en Delfos de una invasión celta. Al principio, la Liga Etolia se alió con la república romana, pero más tarde luchó con el Imperio seléucida contra Roma.

La Liga Aquea estaba en la península del Peloponeso, pero Esparta nunca se unió a ella. La liga consiguió una emocionante victoria al expulsar a los macedonios del Peloponeso en 243 a. C. Pero entonces la liga cometió el error de pedir ayuda a Macedonia para luchar contra el rey Cleómenes de Esparta. Casi borraron a los espartanos de la faz de la tierra, pero los macedonios volvieron a enseñorearse de ellos. En la segunda guerra macedónica, la Liga Aquea unió fuerzas con sus antiguos enemigos, la Liga Etolia. ¡tuvieron éxito! Se deshicieron del control de Macedonia.

Rey Pirro de Epiro[45]

Roma emerge como superpotencia

Al principio, la República Romana sólo controlaba el centro de Italia. En 280 a. C., comenzó a atacar las ricas colonias griegas del sur de Italia. Los griegos pidieron ayuda al rey Pirro de Epiro. Epiro era una ciudad-estado pobre del norte de Grecia, pero Pirro tenía visiones de grandeza. Soñaba con ser otro Alejandro Magno. Reunió barcos y soldados de sus parientes reales en Egipto, Macedonia y el Imperio seléucida. Luego, navegó a Italia.

Pirro ganó técnicamente su primera batalla contra Roma. Sin embargo, sufrió pérdidas tan devastadoras que fue una *victoria pírrica*, lo que significa que no valió la pena ganar. Sus dos siguientes batallas fueron aún peores. Volvió a casa, donde fue asesinado por una anciana que le arrojó una teja y le derribó del caballo.

Roma conquistó las ciudades-estado griegas de Sicilia en la primera guerra púnica (264-241). Mientras luchaba contra Cartago y los griegos sicilianos, Roma se vio envuelta en las guerras macedónicas. Los romanos se unieron a la Liga Etolia contra Filipo V de Macedonia. Esparta también entró en la contienda y se alió con Roma y la Liga Etolia. La cosa no fue bien. Los griegos del Peloponeso perdieron ante Filipo en 209 a. C.

Sin embargo, en 198 a. C., Roma expulsó a Filipo de Grecia. Cuando Filipo regresaba a Macedonia, los romanos atacaron por sorpresa su retaguardia y mataron a dos mil de sus hombres. Al año siguiente, Filipo volvió a enfrentarse a los romanos en Tesalia. Una niebla matinal cubrió el valle donde tuvo lugar la batalla. Los romanos utilizaron elefantes de guerra por primera vez en la batalla de Cinoscéfalas. Los macedonios oían sus pisotones y sus trompetas. Entonces, los elefantes aparecieron de repente entre la niebla arremolinada. Filipo perdió ocho mil hombres aquel día. Tuvo que abandonar su armada y su ejército.

En un principio, la Liga Aquea se alió con Roma, pero su relación se deterioró cuando Roma le prohibió ampliar su territorio. La Liga Aquea se rebeló contra Roma en 146 a. C. Perdió a la mayoría de sus hombres en la batalla de Scarpheia, cerca de la costa oriental de Grecia central. La mayoría de los supervivientes se suicidaron. Unos pocos escaparon a Corinto, pero los romanos los siguieron.

En menos de un día, Roma derrotó a los griegos en Corinto. La mayoría de sus ciudadanos se escabulleron de la ciudad, pero los romanos mataron a los hombres que quedaban y esclavizaron a las mujeres y los niños. Los romanos despojaron a Corinto de sus preciosas estatuas y obras de arte. Quemaron la ciudad hasta los cimientos. El resto de las ciudades griegas se rindieron a Roma.

Los últimos rescoldos de los reinos helenísticos

¿Qué ocurrió con los reinos helenísticos? El rey Perseo de Macedonia inició la tercera guerra macedónica en el año 171 a. C. Hizo promesas extravagantes para conseguir que las ciudades-estado griegas se aliaran con él. Cuando conquistó Tesalia, Roma envió tropas para contrarrestarlo. Los macedonios aplastaron a los romanos. Mataron a dos mil romanos y sólo perdieron a cuatrocientos de los suyos.

A Perseo se le subió la victoria a la cabeza y bajó la guardia. Sin previo aviso, el cónsul de Roma, Craso, irrumpió con sus elefantes de guerra. Ocho mil macedonios cayeron en un solo día. Perseo abandonó su ejército en Pidna, pero los romanos lo localizaron y lo arrastraron hasta Roma. Pasó el resto de su vida en prisión. Después de 168 a. C., Roma controlaba Macedonia, que fue dividida en cuatro provincias.

El Imperio seléucida fue un dinámico centro de la cultura helenística. En su apogeo, se extendía desde Siria hasta Afganistán. Sin embargo, el imperio decayó lentamente tras la muerte de Seleuco. El Imperio parto de Persia acabó por engullir la parte oriental del Imperio seléucida. La parte occidental del imperio sufrió guerras civiles e invasiones hasta que cayó bajo control romano. El general Pompeyo de Roma la reorganizó en provincias romanas en el año 63 a. C.

Antes de que el Imperio seléucida se derrumbara, su rey desencadenó la revuelta macabea en Judea. En 167 a. C., Antíoco IV Epífanes intentó obligar a los judíos a mezclar la religión griega con el judaísmo. Cuando Jerusalén se rebeló, mató a cuarenta mil judíos, incluidos niños y bebés. Sacrificó un cerdo a Zeus en el templo de Jerusalén. Los judíos enfurecidos lucharon contra los griegos seléucidas y los expulsaron de Judea.

Egipto fue un reino macedonio durante tres siglos. Todos sus faraones procedían de Ptolomeo. Los faraones egipcios se casaban con sus hermanas, y los faraones macedonios hacían lo mismo. Las disputas y los juegos de poder en el seno de la familia real debilitaron a Egipto.

Cleopatra era cofaraona con su hermano de trece años, Ptolomeo XIII. También era su esposa. Cuando Ptolomeo se enfadó con Cleopatra y la echó, ella inició un tórrido romance con un romano llamado Julio César. Este fue a la guerra contra Egipto. Ptolomeo XIII acabó ahogado en el Nilo.

Cleopatra, la faraona macedonia de Egipto[46]

Otro de los hermanos de Cleopatra subió al trono. Sólo tenía doce años. Se cree que también se casó con Cleopatra. Sin embargo, ella huyó con César. Vivió en su villa de Italia hasta que los senadores lo asesinaron en el año 44 a. C. Cleopatra inició entonces un romance con un cónsul romano, Marco Antonio. Octavio era el cocónsul de Antonio, y su hermana, Octavia, era la esposa de Antonio. Se enfureció cuando Antonio abandonó a su hermana por Cleopatra. Octavio declaró la guerra a Egipto. Antonio y Cleopatra perdieron la guerra. Ambos se suicidaron y Egipto se convirtió en una provincia romana.

Actividad de repaso: Cronología

( ) Agis IV inicia la reforma de Esparta.
( ) Antígono muere en la batalla de Ipsos.
( ) Atenas cae en manos de Macedonia en la guerra crémonidea.
( ) Comienza la revuelta macabea. Los judíos expulsan a los griegos de Judea.
( ) Olimpia ordena la ejecución de Arrideo.
( ) Partición de Babilonia.
( ) Los griegos del Peloponeso pierden ante Filipo V de Macedonia.
( ) Roma ataca las colonias griegas del sur de Italia.
( ) Roma incendia Corinto y roba obras de arte de valor incalculable.
( ) Roxana tiene un niño, Alejandro IV.

Capítulo 10: Ciencia y tecnología griegas

Los antiguos griegos cambiaron el mundo. Dieron lugar a asombrosos avances científicos y tecnológicos. A medida que la cultura griega se extendía por Egipto y Oriente Próximo, creaba un apasionante intercambio de ideas. La gente se interesó aún más por la ciencia, las matemáticas y la medicina. Este crecimiento intelectual revolucionó el mundo.

Pitágoras

Pitágoras fue un genio de las matemáticas que vivió en el siglo IV antes de Cristo. Creció en la isla de Samos. De joven, Pitágoras vivió como ermitaño en una cueva. No comía carne. Más tarde se trasladó al sur de Italia y fundó una escuela. Sus alumnos también eran vegetarianos y llevaban una vida sencilla. Era similar a una comuna. Todos compartían todo.

La mayoría de la gente de entonces pensaba que el mundo era plano. Pitágoras cuestionó esta idea. Enseñó que era una esfera, como una pelota. Puede que fuera el primero en introducir esta idea innovadora. Pitágoras fue el primero del mundo griego en desarrollar el **teorema de Pitágoras**, aunque los babilonios lo utilizaron siglos antes.

¿Qué es el teorema de Pitágoras? Parte de un triángulo con un ángulo recto (un ángulo de noventa grados). Frente al ángulo recto está el lado más largo del triángulo: la hipotenusa. Si elevas al cuadrado cada uno de los dos lados más cortos, es igual a la hipotenusa al cuadrado.

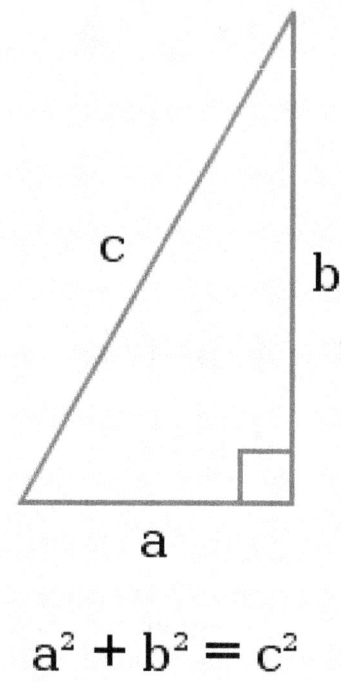

$$a^2 + b^2 = c^2$$

En este triángulo rectángulo, "c" es la hipotenusa o lado más largo"

Hipócrates, padre de la medicina moderna

Nuestro legado médico tiene una deuda pendiente con Hipócrates. Vivió en el siglo V a. C. y aprendió medicina de su padre y su abuelo. Platón dijo de él que era un "*Asclepíada*", o sacerdote sanador. En su época, la gente pensaba que la enfermedad era una maldición de los dioses. Hipócrates enseñó una idea nueva y revolucionaria. Decía que las enfermedades tenían causas naturales. Sugirió que lo que una persona comía, cómo vivía y su entorno afectaban a su salud.

Hipócrates fue el primero en utilizar el ***diagnóstico clínico***. Incluía cosas que hoy son habituales en las visitas al médico, como tomar el pulso y la temperatura. Observaba la amplitud de movimiento de una persona y le preguntaba por sus movimientos urinarios e intestinales. Utilizaba toda esta información para hacer un diagnóstico. Pensaba que el cuerpo podía curarse solo y que la labor del médico era ayudar en este proceso. Para algunos problemas de salud, recomendaba ayunar durante un breve periodo de tiempo. También utilizaba una mezcla de miel y vinagre para algunas enfermedades.

Hipócrates, padre de la medicina moderna[48]

Los nuevos médicos siguen citando el juramento hipocrático, aunque las palabras han cambiado a lo largo de los siglos. El juramento original incluía algunas de las siguientes promesas:

1. Calmaré el dolor de quien necesite mi arte, y si no sé cómo, buscaré el consejo de mis maestros.
2. Nunca dañaré a mi amigo que sufre porque la vida es sagrada.
3. Rezo para que la atención que presto a quienes se ponen en mis manos se vea recompensada con felicidad.
4. Juro cuidar a cualquiera que sufra, príncipe o esclavo.

Leucipo y Demócrito desarrollan la teoría atómica

Leucipo y su alumno Demócrito vivieron en el siglo V antes de Cristo. Estos brillantes científicos de la Antigüedad desarrollaron los primeros principios de los átomos y la física nuclear. ¿Qué dijeron sobre los átomos?

1. El universo está formado por el "Ser" (el mundo físico o la materia) y el "Vacío" (el espacio vacío).
2. Los átomos son innumerables partículas super diminutas que no pueden modificarse ni dividirse.
3. Estos átomos se mueven constantemente y forman todo lo que existe en el mundo físico.
4. Los grupos de átomos pueden organizarse de distintas maneras y formar distintos tipos de materia.

Demócrito también se interesó por la genética. Escribió una carta a Hipócrates en la que decía que tanto el hombre como la mujer producen "semillas". Estas semillas contienen información sobre cada parte del cuerpo. Se unen para formar un nuevo cuerpo.

Maravillas arquitectónicas

Polícrates era el tirano de Samos cuando Pitágoras vivía allí. Recuerda, los tiranos no eran necesariamente malos. A menudo mejoraban la vida de la gente. Por ejemplo, Polícrates construyó un ***rompeolas***. Era como una calzada que se adentraba en el mar. El rompeolas impedía que las olas y las fuertes corrientes destruyeran el puerto.

Lo que realmente hizo famoso a Polícrates fue el túnel de Eupalino. El túnel recibió el nombre de su ingeniero. Era un acueducto de media milla (un kilómetro) que atravesaba una montaña. Dos equipos excavaron el túnel. Comenzaron en lados opuestos de la montaña y se unieron en el centro. El historiador griego Heródoto dijo que se trataba de una de las hazañas más extraordinarias del mundo griego.

Ictino fue un arquitecto que logró otro triunfo de la ingeniería en el siglo V a. C. Construyó el hermoso templo del Partenón en Atenas. Tenía elegantes columnas dóricas. Era una impresionante muestra de equilibrio y tenía intrincados detalles. Ictino puso en juego la ***éntasis***. Puso ligeras protuberancias en las columnas para crear una ilusión óptica de pilares perfectamente rectos.

El Partenón[49]

Los anfiteatros gigantes también eran populares en la antigua Grecia. Incluso antes de la Edad Media, los griegos construyeron teatros semicirculares al aire libre para representaciones dramáticas. ¿Cómo se oía a los actores antes de que existieran los micrófonos? Bueno, los arquitectos utilizaban una increíble tecnología de ingeniería acústica. Los científicos modernos la probaron en las ruinas del antiguo teatro de Epidauro, cerca de Atenas. Incluso hoy, si uno deja caer una moneda, se oye en todo el teatro.

En el siglo III, estas arenas ya eran enormes. En la de Éfeso cabían veinticuatro mil personas. Los arquitectos griegos construían los teatros en lugares con hermosas vistas, como una montaña o el mar. Si la gente se aburría con el espectáculo, podía disfrutar de las vistas.

Teeteto de Atenas

Teeteto fue un matemático del siglo IV antes de Cristo. Fue alumno de Sócrates. Dio pasos de gigante en el campo de la geometría. Teeteto descubrió que sólo podía haber cinco **_sólidos platónicos_**. Un sólido platónico tiene "caras" que son **_polígonos_**, formas planas con aristas rectas. Sólo tres polígonos pueden formar un sólido platónico: cuadrados, triángulos y pentágonos (una forma con cinco lados). En un sólido platónico, todas las caras tienen que ser idénticas. El mismo número de polígonos se encuentran en cada esquina de la forma.

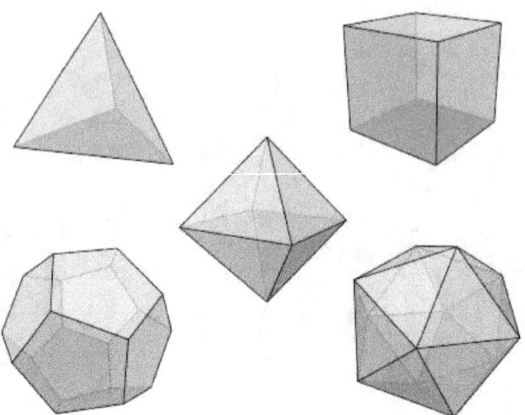

Los cinco sólidos platónicos son el tetraedro (o pirámide), el cubo, el octaedro (ocho caras), el dodecaedro (doce caras) y el icosaedro (veinte caras)[50]

Teeteto exploró las *longitudes irracionales*. ¿Qué son? Los griegos creían que los números medían la longitud de algo. Los números irracionales son números que no son racionales. No tienen un patrón que se repita y no pueden ser fracciones. Los números irracionales no son números habituales como el uno, el cuatro, el siete o el nueve. Son números como pi (π), que empieza por 3,14159.

Euclides de Alejandría

Euclides fue un matemático del siglo IV a. C. que escribió los *Elementos*, una colección de trece libros de texto sobre matemáticas y geometría. Su libro recopilaba el trabajo de matemáticos anteriores. Euclides desarrolló sus trabajos. Por ejemplo, modificó los teoremas de Teeteto para que fueran más precisos. Euclides aportó pruebas sólidas de las teorías de matemáticos anteriores. Dirigió una escuela en Alejandría (Egipto) a principios del siglo III, cuando la ciudad era nueva.

Aristarco de Samos

Aristarco fue un astrónomo del siglo III antes de Cristo. Fue el primero en afirmar que la Tierra gira sobre su eje una vez al día. Aristarco afirmaba que el sol se encontraba en el centro del universo. Creía que la Tierra giraba alrededor del Sol una vez al año, junto con los demás planetas. También pensaba que las estrellas eran soles que estaban muy, muy lejos. La mayoría de la gente pensaba que Aristarco estaba un poco loco pensando este tipo de cosas. Creían que la Tierra era el centro del universo. Tuvieron que pasar dieciocho siglos para que el modelo de universo de Nicolás Copérnico, con el Sol en el centro, se impusiera.

Arquímedes de Siracusa

Arquímedes fue un matemático, científico e inventor del siglo III a. C. Fundó la **mecánica teórica** (cómo se mueven las cosas bajo la acción de la fuerza). Arquímedes desarrolló la *ley de la palanca*. Piensa en un balancín. Si la persona de un extremo pesa el doble que la del otro, la más pequeña se quedaría clavada en el aire. Pero, ¿y si la persona más pesada se mueve hacia el centro (*fulcro*) del balancín? Entonces, ambos estarían equilibrados. Podemos utilizar este principio para mover objetos pesados con un palo largo y una piedra grande. Arquímedes dijo supuestamente: "Dadme un lugar donde pararme y moveré la tierra".

Ley de la palanca[51]

Arquímedes desarrolló el concepto de palanca y creó la primera **polea compuesta**. Una polea compuesta consta de una polea fija que no se mueve y una segunda polea móvil sujeta a la carga. La combinación de poleas proporciona una mayor capacidad de elevación porque el peso se distribuye. También permite más flexibilidad al cambiar de dirección. Demostró la potencia de esta herramienta moviendo un barco él solo.

Arquímedes también descubrió que si colocas un sólido en un fluido, es más ligero que el fluido que desplaza. Por ejemplo, supongamos que eres una persona corpulenta. Vas a nadar y te das cuenta de que puedes flotar fácilmente a pesar de tu peso. De hecho, te resulta más fácil flotar que a tu amigo delgado. ¿Por qué? La fuerza de flotación te empuja hacia arriba. El agua es más densa que tu cuerpo, sobre todo si tienes mucha grasa corporal. Por eso los barcos pueden flotar. Sin embargo, las rocas no pueden flotar; son más densas que el agua.

Arquímedes no se detuvo en palancas, poleas compuestas y objetos pesados flotantes. Elaboró la fórmula del volumen de una **esfera**. También descubrió la relación entre la distancia alrededor de un círculo (su *circunferencia*) y su *diámetro* (una línea que pasa por el centro del círculo). Lo llamó "relación entre la circunferencia y el diámetro pi" (π) y calculó que era 3,14159.

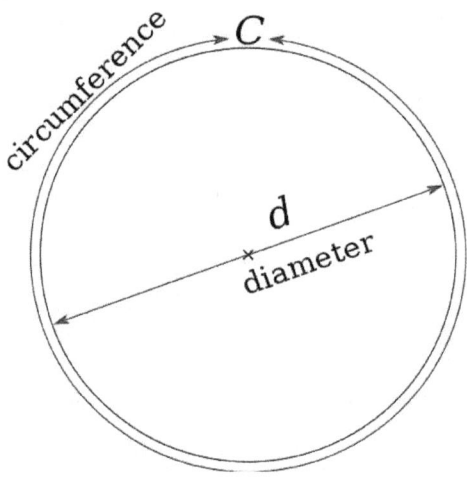

Diámetro y circunferencia de un círculo[52]

Eratóstenes de Alejandría

La bulliciosa ciudad de Alejandría, en la costa mediterránea de Egipto, poseía una valiosísima biblioteca de libros de ciencia, matemáticas, historia, religión y literatura. En el siglo II a. C., su bibliotecario en jefe era Eratóstenes. En su época, los griegos habían ido aceptando que la Tierra no era plana, sino una esfera. "¿Qué tamaño tiene la Tierra?" se preguntaba Eratóstenes. Y aquí es donde la cosa se desmadra: ¡calculó el tamaño aproximado!

Como bibliotecario, Eratóstenes solía leer mucho. Un día, leyó algo interesante sobre la cercana ciudad de *Syene* (Asuán, Egipto). En el solsticio de verano (21 de junio), el sol iluminaba el fondo de un pozo al mediodía. Esto significaba que el sol estaba directamente encima. "Me pregunto si en Alejandría ocurre lo mismo", reflexionó.

Así pues, Eratóstenes salió al mediodía del solsticio de verano y clavó un palo en el suelo. Proyectó una ligera sombra que tenía un ángulo de unos siete grados. Syene estaba a cincuenta millas (ochenta kilómetros) de Alejandría. "Si el sol proyecta una sombra aquí al mediodía, pero no en Siena, es porque la Tierra está curvada", decidió. "Siete grados es aproximadamente 1/50 la circunferencia de un círculo completo".

Utilizando sus conocimientos de geometría, Eratóstenes calculó algunas cifras. Decidió que la distancia alrededor de la Tierra era de unas veintiocho mil millas (cuarenta y cinco mil kilómetros). ¡Estaba muy cerca! Los cálculos actuales sitúan la circunferencia de la Tierra en 24.901 millas.

¡Qué legado tan alucinante nos dejaron los antiguos griegos! Estos sabios descubrieron cosas que nosotros damos por sentadas. Resulta abrumador pensar en los conocimientos que acumularon y sobre los que construyeron. Les debemos mucho en los campos de la filosofía, la medicina, las matemáticas, la ciencia y la astronomía. Los logros de los antiguos griegos se extienden a través del tiempo hasta llegar a nuestras vidas actuales.

Actividad de repaso: minuta de una página

En esta actividad, crearás tu propia página de historia griega centrada en la ciencia y la tecnología en la antigua Grecia. Puede ser una página de tamaño normal, como las de papel de copia, o puedes hacer un póster. Utiliza imágenes para ilustrar a las personas importantes o sus contribuciones. Dibuja las tuyas propias o imprime fotos de Internet. Describe a los principales protagonistas y cómo hicieron avanzar la ciencia, las matemáticas o la tecnología. Puedes incluir una cronología. Puedes optar por abarcar una unidad de tiempo, como el periodo clásico o la época helenística. O puedes centrarte en un campo específico, como la geometría, la medicina o la arquitectura. Da rienda suelta a tu creatividad con tus colores favoritos (o colores que simbolicen Grecia). No olvides hacer un borde llamativo.

¡Usa tu imaginación y diviértete!

Clave de respuestas para las actividades de repaso

Capítulo 1: Juego cronológico

(2) Una catastrófica erupción volcánica acaba con toda la vida en la isla de Thera.

(7) Una horrible plaga mata a un tercio de la población de Atenas.

(10) Batalla de Corinto: Roma conquista la Liga Aquea griega.

(5) Clístenes lleva la reforma democrática a Atenas.

(4) Primeros Juegos Olímpicos.

(3) La Edad Media griega.

(1) Los minoicos desarrollan el primer sistema de escritura de Grecia, el Lineal A.

(8) Se forma la Liga Griega de Corinto para invadir el Imperio persa bajo Alejandro.

(6) Los griegos se unen para aplastar a la flota persa en la batalla naval de Mícala.

(9) Cuando muere Alejandro Magno, sus generales luchan por el control en las guerras de los diadocos.

Capítulo 2: ¿Quién es quién?

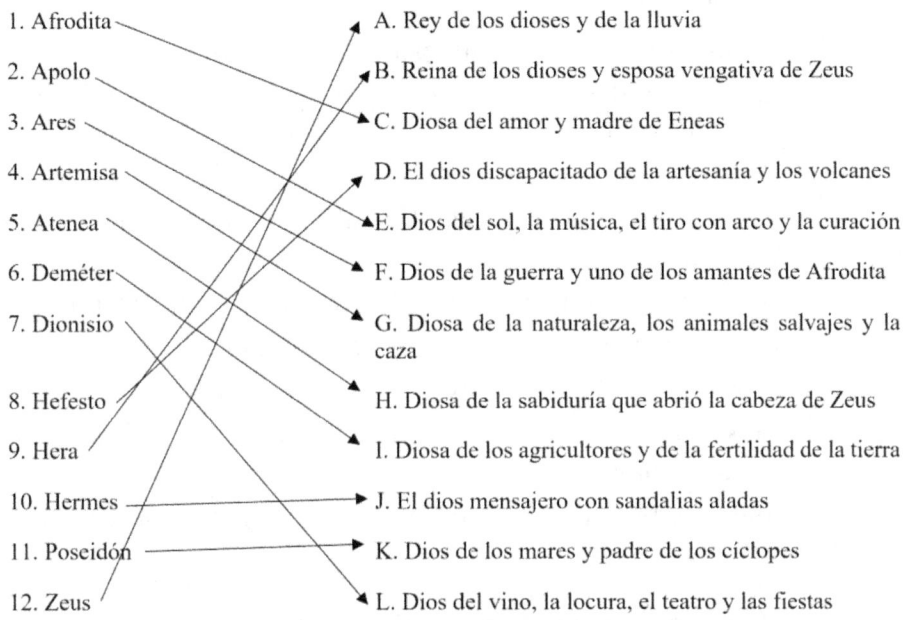

1. Afrodita
2. Apolo
3. Ares
4. Artemisa
5. Atenea
6. Deméter
7. Dionisio
8. Hefesto
9. Hera
10. Hermes
11. Poseidón
12. Zeus

A. Rey de los dioses y de la lluvia
B. Reina de los dioses y esposa vengativa de Zeus
C. Diosa del amor y madre de Eneas
D. El dios discapacitado de la artesanía y los volcanes
E. Dios del sol, la música, el tiro con arco y la curación
F. Dios de la guerra y uno de los amantes de Afrodita
G. Diosa de la naturaleza, los animales salvajes y la caza
H. Diosa de la sabiduría que abrió la cabeza de Zeus
I. Diosa de los agricultores y de la fertilidad de la tierra
J. El dios mensajero con sandalias aladas
K. Dios de los mares y padre de los cíclopes
L. Dios del vino, la locura, el teatro y las fiestas

Capítulo 3: Sopa de letras

```
C I U D A D E S T A D O           A
    D R A C O N I A N O           N
          R                       A
      M A G N A G R E C I A       R
          N                       Q
          O                       U
  M E R C E N A R I O S           Í
              D                   A
              P O L I G A M I A
I N F R A E S T R U C T U R A S
              E
C O L A P S O D E L A E D A D D E B R O N C E
```

1. La caída repentina de múltiples civilizaciones en el Mediterráneo oriental hacia 1200 a. C. fue durante la (Colapso de la Edad de Bronce)
2. Matrimonio con más de una persona (poligamia)
3. Una gran ciudad independiente que gobierna las ciudades y pueblos de los alrededores (ciudad-estado)
4. Región de la "Gran Grecia" del sur de Italia (Magna Grecia)
5. Un gobernante absoluto que llegó al poder fuera de los cauces habituales (tirano)
6. Algo que es inhumano o inusualmente cruel (draconiano)
7. Dinero o bienes que la novia aporta al matrimonio (dote)
8. Desorden debido a la ruptura del gobierno (anarquía)
9. Obras públicas como carreteras, puentes y alcantarillas (infraestructuras)
10. Soldados pagados para luchar por otra ciudad-estado o país (mercenarios)

Capítulo 4: Preguntas de repaso

1. ¿En qué se diferenciaban la cultura y la sociedad de Esparta de las de otras ciudades-estado de la Grecia antigua?
    - ➢ Tenía un sistema político diferente con dos reyes.
    - ➢ Los niños recibían educación fuera de casa a partir de los siete años.
    - ➢ Las mujeres tenían más derechos.
    - ➢ El sistema ilota proporcionaba mano de obra. Los hombres espartanos no trabajaban en sus propias granjas.
2. ¿Qué papel desempeñaba el servicio militar en la sociedad espartana?
    - ➢ Todos los hombres espartanos menores de sesenta años eran soldados a tiempo completo.
    - ➢ Los niños se entrenaban para la vida militar a partir de los siete años.
    - ➢ Los jóvenes casados vivían en barracones en lugar de con sus esposas.

3. ¿Qué era el agogé? ¿Cómo determinaba la crianza y educación de los varones espartanos?
   - ➢ El agogé era el sistema de formación militar y educativa para los varones de siete a treinta años.
   - ➢ Enseñaba a los chicos disciplina, resistencia, sencillez, patriotismo y habilidades militares.
4. ¿A qué retos se enfrentaron los chicos espartanos en su riguroso entrenamiento y educación?
   - ➢ Soportaron tratos duros, como dormir a la intemperie y novatadas.
   - ➢ A menudo no tenían suficiente comida.
5. ¿Cuáles fueron los aspectos positivos del legado de Esparta?
   - ➢ La cultura promovía la autodisciplina, el sacrificio y el valor.
   - ➢ Las mujeres tenían un estatus elevado (en comparación con otras mujeres griegas) en la sociedad espartana.
6. ¿Cómo ha influido negativamente el legado de Esparta en algunas civilizaciones?
   - ➢ Influyó en el control estatal de las familias
   - ➢ El objetivo de la conquista militar era más importante que una vida familiar sana.
   - ➢ Practicaban el infanticidio y la limpieza étnica (mataban a los ilotas).

Capítulo 5: Rellenar el espacio en blanco

Las guerras persas con Grecia comenzaron cuando Ciro el Grande conquistó _Jonia_ en 547 a. C., convirtiendo estas colonias griegas en una provincia del Imperio persa-aqueménida. Cuando Jonia se sublevó en el 499 a. C., Atenas y **Eretria** enviaron barcos y tropas en su ayuda. Tras poner fin a la revuelta, el rey persa, Darío el Grande, envió su flota para castigar a Atenas. Sin embargo, los atenienses eligieron como campo de batalla una zona pantanosa donde los persas no podían utilizar sus caballos. Derrotaron ampliamente a los persas en la **Batalla de Maratón**_, donde el terreno pantanoso impidió a los persas utilizar sus caballos. Jerjes, hijo de Darío, buscó venganza y marchó hacia Grecia con un enorme ejército. Liderados por el rey espartano **Leónidas**, los griegos resistieron a los persas en el **paso de** las Termópilas mientras el resto de los griegos evacuaban _Atenas_ y reconstruían la muralla del istmo **de Corinto**. Los griegos se sacrificaron en el paso, pero al final consiguieron una asombrosa victoria en la _Batalla de Salamina_.

Capítulo 7: ¿Verdadero o falso?

1. Homero fue testigo presencial de la guerra del Peloponeso. (Fue Tucídides) **(F)**
2. Los atenienses reasentaron a los ilotas en Naupaktos. **(V)**
3. Atenas también luchó en el norte de África durante la primera guerra. **(V)**
4. Tucídides pensaba que ir a la guerra era una gran idea. (Les advirtió que calcularan el coste) **(F)**
5. La peste no mató a mucha gente en Atenas. (Mató a un tercio de la población) **(F)**
6. Los cincuenta años estipulados para la Paz de Nicias sólo duraron seis. **(V)**
7. La guerra se trasladó a Sicilia cuando Atenas aceptó ayudar a Segesta. **(V)**
8. El general Nicias tomó decisiones rápidas y acertadas que ganaron la guerra en Sicilia. (Se retrasaba constantemente y tomaba sobre todo malas decisiones) **(F)**
9. Alcibíades cambió de bando primero a Esparta y luego volvió a luchar por Atenas. **(V)**
10. Atenas ganó la batalla final de Egospótamos contra Esparta. (Esparta los aplastó, poniendo fin a la guerra) **(F)**

Capítulo 8: Cuestionario

1. ¿De qué manera influyeron la crianza y la educación de Alejandro en su estilo de liderazgo y su enfoque de la conquista?
    - Aristóteles le enseñó ética, política y lógica, que dieron forma a sus dotes de liderazgo. Aprendió estrategias militares leyendo la *Ilíada*. También aprendió la cultura griega clásica, lo que le permitió comunicarse eficazmente con sus fuerzas griegas.
    - Su padre, Filipo II, le enseñó las artes militares y le brindó la oportunidad de ponerlas en práctica.

2. ¿Cuáles fueron algunas de las principales tácticas militares que utilizó Alejandro Magno en sus conquistas? ¿Cómo contribuyeron estas tácticas a su éxito?
   - Utilizó el elemento sorpresa.
   - Utilizó una mezcla de habilidades y herramientas: una nueva posición de falange, las sarisas, la caballería y una ingeniosa tecnología de asedio.
   - Solía utilizar la misma alineación en sus batallas. Sus soldados siempre sabían qué hacer.
   - Tomaba decisiones eficaces en el momento.
3. ¿Qué acontecimientos desestabilizaron Persia poco antes de la invasión de Alejandro?
   - La mayoría de los hombres de la realeza persa fueron envenenados.
   - Darío III subió abruptamente al trono con escasa preparación para gobernar un imperio.
4. ¿Cómo veía Alejandro las culturas orientales? ¿Qué cambios culturales fomentó y cómo lo hizo?
   - Admiraba la cultura oriental, adoptó algunas costumbres y planeó restaurar Babilonia.
   - Las culturas oriental y occidental se fusionaron. Por ejemplo, los oficiales griegos se casaban con princesas persas.
   - Construyó más de dos docenas de ciudades con el nombre de Alejandría que promovieron la cultura helenística.
5. ¿Cuál fue el legado duradero de Alejandro?
   - Desarrolló estrategias militares que aún hoy se estudian.
   - Desarrolló una fusión cultural de Oriente y Occidente.
   - Difundió la cultura helenística griega por Asia y el norte de África.

Capítulo 9: Cronología

(7) Agis IV inicia la reforma de Esparta. (245)

(4) Antígono muere en la batalla de Ipsos. (302)

(6) Atenas cae ante Macedonia en la guerra crémonidea. (261)

(9) Comienza la Revuelta Macabea. Los judíos expulsan a los griegos de Judea. (167)

(3) Olimpia ordena la ejecución de Arrideo. (317)

(1) Partición de Babilonia. (323)

(8) Los griegos del Peloponeso pierden ante Filipo V de Macedonia. (209)

(5) Roma ataca las colonias griegas del sur de Italia. (280)

(10) Roma incendia Corinto y roba obras de arte de valor incalculable. (146)

(2) Roxana tiene un hijo, Alejandro IV. (323)

Bibliografía

Arrian. "Alexander the Great." In *The Anabasis and the Indica*. Translated by Martin Hammond. Oxford: Oxford University Press, 2013.

Austin, M. M. "Greek Tyrants and the Persians, 546-479 B. C." *The Classical Quarterly* 40, no. 2 (1990): 289-306. http://www.jstor.org/stable/639090.

Bennett, Bob, and Mike Roberts. *The Wars of Alexander's Successors, 323-281 BC (Commanders and Campaigns Book 1)*. South Yorkshire: Pen & Sword Military, 2013.

Bennett, Bob, and Mike Roberts. *The Wars of Alexander's Successors 323 - 281 BC. Volume 2: Battles and Tactics*. South Yorkshire: Pen & Sword Military, 2009.

Cartledge, Paul. *The Spartans: The World of the Warrior-Heroes of Ancient Greece*. New York: The Overlook Press, 2003.

Clogg, Richard. *A Concise History of Greece*. Cambridge: Cambridge University Press, 2021.

Guthrie, W. K. C. *A History of Greek Philosophy*. Cambridge: Cambridge University Press, 1979.

Guthrie, W. K. C. *The Sophists*. Cambridge: Cambridge University Press, 1977.

Herodotus, *The Histories*. Translated by George Rawlinson. New York: Dutton & Co, 1862. http://classics.mit.edu/Herodotus/history.html

Hippocrates' Oath. Translated by Amelia Arenas. Boston University. https://www.bu.edu/arion/files/2010/03/Arenas_05Feb2010_Layout-3.pdf

Homer. *The Iliad*. Translated by Samuel Butler. Internet Classics Archive. http://classics.mit.edu/Homer/iliad.html

Homer. *The Odyssey*. Translated by Samuel Butler. Internet Classics Archive. http://classics.mit.edu/Homer/odyssey.html

Isocrates. *Letters*. Perseus Digital Library. Tufts University. http://www.perseus.tufts.edu/hopper/text?doc=Perseus:text:1999.01.0246:letter=3.

Martin, Thomas R. *Ancient Greece: From Prehistoric to Hellenistic Times*. New Haven: Yale University Press, 1996.

Matyszak, Philip. *Greece Against Rome: The Fall of the Hellenistic Kingdoms 250-31 BC*. South Yorkshire: Pen & Sword Military, 2020.

Matyszak, Philip. *The Rise of the Hellenistic Kingdoms, 336-250 BC*. South Yorkshire: Pen & Sword Military, 2019.

Napoli, Donna Jo. *Treasury of Greek Mythology: Classic Stories of Gods, Goddesses, Heroes & Monsters*. Washington, D.C.: National Geographic Kids, 2011.

Nur, A., & E. H. Cline. "Poseidon's Horses: Plate Tectonics and Earthquake Storms in the Late Bronze Age Aegean and Eastern Mediterranean." *Journal of Archaeological Science*, 27(1), (2000): 43-63. https://doi.org/10.1006/jasc.1999.0431

Plato. *The Republic*. Translated by Benjamin Jowett. Internet Classics Archive. http://classics.mit.edu/Plato/republic.9.viii.html

Polybius. *Histories*. http://www.perseus.tufts.edu/hopper/text?doc=Perseus:text:1999.01.0234

Plutarch. *Cimon*. Translated by John Dryden. Internet Classics Archive. http://classics.mit.edu/Plutarch/cimon.html

Pomeroy, Sarah B., Stanley M. Burstein, Walter Donlan, Jennifer Tolbert Roberts, David W. Tandy, and Georgia Tsouvala. *Ancient Greece: Politics, Society, and Culture*. New York: Oxford University Press, 2020.

Rhodes, P. J. *Athenian Democracy* (Edinburgh Readings on the Ancient World). Oxford: Oxford University Press, 2004.

Rodgers, Nigel. *Ancient Greece: An Illustrated History: The Illustrated Encyclopedia; A Comprehensive History With 1000 Images*. Dayton, Ohio: Lorenz Books, 2017.

Stein, Daniel. "Plague, Climate Change, and the End of Ancient Civilizations." *Discentes*. June 25:2023. https://web.sas.upenn.edu/discentes/2023/06/25/plague-climate-change-and-the-end-of-ancient-civilizations/

Thucydides. *History of the Peloponnesian War*. Translated by Rex Warner. New York: Penguin Classics, 1972.

Worthington, Ian. *By the Spear: Philip II, Alexander the Great, and the Rise and Fall of the Macedonian Empire (Ancient Warfare and Civilization)*. Oxford: Oxford University Press, 2016.

Xenophon. *The Landmark Xenophon's Hellenika*. Translated by John Marincola. New York: Anchor, 2010.

Fuentes de imágenes

[1] *Roman Eisele, CC BY-SA 4.0 <https://creativecommons.org/licenses/by-sa/4.0>, vía Wikimedia Commons; https://commons.wikimedia.org/wiki/File:Mundelsheim_-_M%C3%BChlbachweinberge_-_Weinbergmauern_beim_Steinbruch_(1).jpg*

[2] *Foto modificada: etiquetas añadidas. Fuente: Peterfitzgerald (Peter Fitzgerald), Shaundd, CC BY-SA 4.0 <https://creativecommons.org/licenses/by-sa/4.0>, vía Wikimedia Commons: https://commons.wikimedia.org/wiki/File:Greece_WV_regions_map_2016.svg*

[3] *RickyBennison, CC0, vía Wikimedia Commons; https://commons.wikimedia.org/wiki/File:Panathenaic_Amphora_Sprinters.jpg*

[4] *https://commons.wikimedia.org/wiki/File:A_muse_with_a_harp,_and_two_others_with_Lyres_from_a_Greek_vase_in_the_Munich_Museum.jpg*

[5] *William Neuheisel de DC, EE.UU., CC BY 2.0 <https://creativecommons.org/licenses/by/2.0>, vía Wikimedia Commons; https://commons.wikimedia.org/wiki/File:Lions_Gate_at_Mycenae_(5228010382).jpg*

[6] *Zde, CC BY-SA 4.0 <https://creativecommons.org/licenses/by-sa/4.0>, vía Wikimedia Commons: https://commons.wikimedia.org/wiki/File:Middle_Corinthian_pottery_amphora,_Geledakis_Painter,_590-570_BC,_AM_Corinth,_Korm421.jpg*

[7] *Yair Haklai, CC BY-SA 3.0 <https://creativecommons.org/licenses/by-sa/3.0>, vía Wikimedia Commons; https://commons.wikimedia.org/wiki/File:Antonio_Canova-Helen_of_Troy-Victoria_and_Albert_Museum.jpg*

[8] *Foto ampliada. Fuente: Ricardo André Frantz (User:Tetraktys), CC BY-SA 3.0 <https://creativecommons.org/licenses/by-sa/3.0>, vía Wikimedia Commons: https://commons.wikimedia.org/wiki/File:Netuno16b.jpg*

[9] *ArchaiOptix, CC BY-SA 4.0 <https://creativecommons.org/licenses/by-sa/4.0>, vía Wikimedia Commons: https://commons.wikimedia.org/wiki/File:Group_of_Polygnotos_*

ARV_1057_98_return_of_Hephaistos_-_three_maenads_(05).jpg

[10] https://commons.wikimedia.org/wiki/File:Mattei_Athena_Louvre_Ma530_n2.jpg

[11] Zde, CC BY-SA 4.0 <https://creativecommons.org/licenses/by-sa/4.0>, vía Wikimedia Commons: https://commons.wikimedia.org/wiki/File:Oracle_of_Delphi,_red-figure_kylix,_440-430_BC,_Kodros_Painter,_Berlin_F_2538,_141668.jpg

[12] Mary Harrsch, CC BY-SA 4.0 <https://creativecommons.org/licenses/by-sa/4.0>, vía Wikimedia Commons: https://commons.wikimedia.org/wiki/File:Menelaus_bearing_the_corpse_of_Patroclus._Marble,_Flavian_Era_(1st_century_CE)_Roman_copy_after_a_Hellenistic_original_of_the_3rd_century_BCE_MH_01.jpg

[13] Foto modificada: ampliada, etiquetas añadidas. Fuente: Periferies_of_Greece_numbered.svg: *Greece_Macedonia_map_with_subdivisions.svg: *Greece_2011_Periferiakes_Enotites.svg: Pitichinaccioderivative work: Philly boy92 (talk)obra derivada: Fulvio314, CC BY-SA 3.0 <https://creativecommons.org/licenses/by-sa/3.0>, vía Wikimedia Commons: https://commons.wikimedia.org/wiki/File:Greece_(ancient)_Epirus.svg

[14] Foto ampliada. Fuente: George E. Koronaios, CC0, vía Wikimedia Commons; https://commons.wikimedia.org/wiki/File:The_Temple_of_Athena_Nike_on_the_Acropolis_of_Athens_on_13_February_2019.jpg

[15] https://commons.wikimedia.org/wiki/File:Solon.jpg

[16] https://commons.wikimedia.org/wiki/File:Return_of_Peisistratus_to_Athens_with_the_false_Minerva.jpg

[17] Mary Harrsch, CC BY-SA 4.0 <https://creativecommons.org/licenses/by-sa/4.0>, vía Wikimedia Commons: https://commons.wikimedia.org/wiki/File:Bronze_banqueter_from_the_tripod_support_of_a_bronze_bowl_Laconian_530-500_BCE_from_Dodona_British_Museum.jpg

[18] user:Megistias fondo limpiado por Chabacano, CC BY-SA 3.0 <http://creativecommons.org/licenses/by-sa/3.0/>, vía Wikimedia Commons: https://commons.wikimedia.org/wiki/File:Hoplites.jpg

[19] Caeciliusinhorto, CC BY-SA 4.0 <https://creativecommons.org/licenses/by-sa/4.0>, vía Wikimedia Commons; https://commons.wikimedia.org/wiki/File:Spartan_running_girl_(cropped).jpg

[20] Mary Harrsch, CC BY-SA 4.0 <https://creativecommons.org/licenses/by-sa/4.0>, vía Wikimedia Commons: https://commons.wikimedia.org/wiki/File:Statue_of_a_hoplite_known_as_Leonidas_480-470_BCE_Sparta_Acropolis_Sanctuary_of_Athena_Chalkioikos_01.jpg

[21] https://commons.wikimedia.org/wiki/File:Greek_Galleys.jpg

[22] https://commons.wikimedia.org/wiki/File:The_Battle_of_Marathon.jpg

[23] https://commons.wikimedia.org/wiki/File:Construction_of_Xerxes_Bridge_of_boats_by_Phoenician_sailors.jpg

[24] Foto modificada: ampliada, etiquetas añadidas. Fuente: Greece_location_map.svg: Lencer / obra derivada: Uwe Dedering, CC BY-SA 3.0 <https://creativecommons.org/licenses/by-sa/3.0>, vía Wikimedia Commons:

https://commons.wikimedia.org/wiki/File:Greece_relief_location_map.jpg

[25] https://commons.wikimedia.org/wiki/File:Ship_dashed_against_ship,_till_the_Persian_Army_dead_strewed_the_deep_like_flowers.jpg

[26] lensnmatter, CC BY 2.0 https://creativecommons.org/licenses/by/2.0>, vía Wikimedia Commons: https://commons.wikimedia.org/wiki/File:Caryatids_of_Erechtheion_(20419658495).jpg

[27] Museo Metropolitano de Arte, CC0, vía Wikimedia Commons: https://commons.wikimedia.org/wiki/File:Terracotta_Nolan_amphora_(jar)_MET_DT229457.jpg

[28] Foto ampliada. Fuente: ArchaiOptix, CC BY-SA 4.0 <https://creativecommons.org/licenses/by-sa/4.0>, vía Wikimedia Commons: https://commons.wikimedia.org/wiki/File:Attic_red_figure_kylix_-_ARV_extra_-_symposion_-_Athens_NAM_1357.jpg

[29] ArchaiOptix, CC BY-SA 4.0 <https://creativecommons.org/licenses/by-sa/4.0>, vía Wikimedia Commons: https://commons.wikimedia.org/wiki/File:Very_early_red_figure_pot_ARV_11_1_Dionysos_with_maenads_-_Achilles_and_Ajax_playing_(06).jpg

[30] Fotografía de Dean Dixon, Escultura de Alan LeQuire, FAL, vía Wikimedia Commons: https://commons.wikimedia.org/wiki/File:Athena_Parthenos_LeQuire.jpg

[31] Foto ampliada. Fuente: Jacques-Louis David, CC0, vía Wikimedia Commons; https://commons.wikimedia.org/wiki/File:The_Death_of_Socrates_MET_DT40.jpg

[32] Museos Vaticanos, CC BY 3.0 <https://creativecommons.org/licenses/by/3.0>, vía Wikimedia Commons: https://commons.wikimedia.org/wiki/File:Pericles_Pio-Clementino_Inv269_n4.jpg

[33] Foto Modificada: ampliada, etiquetas añadidas. https://commons.wikimedia.org/wiki/File:Pincios_river_(Peloponnese).jpg

[34] Yair Haklai, CC BY-SA 4.0 <https://creativecommons.org/licenses/by-sa/4.0>, vía Wikimedia Commons: https://commons.wikimedia.org/wiki/File:Thucydides_at_Exterior_of_the_Austrian_Parliament_Building.jpg

[35] Foto ampliada. Fuente: Morn, CC BY-SA 4.0 <https://creativecommons.org/licenses/by-sa/4.0>, vía Wikimedia Commons: https://commons.wikimedia.org/wiki/File:Sicilian_Expedition_map_en.svg

[36] https://commons.wikimedia.org/wiki/File:Bust_Alcibiades_Musei_Capitolini_MC1160_(cropped).jpg

[37] Jona Lendering, CC0, vía Wikimedia Commons: https://commons.wikimedia.org/wiki/File:Philip_II_statue_350-400_CE.jpg

[38] Foto modificada: ampliada y etiquetas añadidas. Fuente: ArnoldPlaton, CC BY-SA 3.0 <https://creativecommons.org/licenses/by-sa/3.0>, vía Wikimedia Common: https://commons.wikimedia.org/wiki/File:Balkan_Peninsula.svg

[39] https://commons.wikimedia.org/wiki/File:Alexander_The_Great_statue_-_estatua_de_Alejandro_Magno.jpg

[40] https://commons.wikimedia.org/wiki/File:Meister_der_Alexanderschlacht_003.jpg

[41] https://commons.wikimedia.org/wiki/File:The_charge_of_the_Persian_scythed_chariots_at_the_battle_of_Gaugamela_by_Andre_Castaigne_(1898-1899).jpg

[42] *Massimo Finizio, CC BY-SA 2.0 vía Wikimedia Commons:*
https://commons.wikimedia.org/wiki/File:Seleuco_I_Nicatore.JPG

[43] *Fotogeniss, CC BY-SA 3.0* <https://creativecommons.org/licenses/by-sa/3.0>*, vía Wikimedia Commons:* https://commons.wikimedia.org/wiki/File:Coin_olympias_mus_theski.JPG

[44] *Museo Arqueológico Nacional de Nápoles, CC BY 2.5* <https://creativecommons.org/licenses/by/2.5>*, vía Wikimedia Commons:* https://commons.wikimedia.org/wiki/File:Ptolemy_II_MAN_Napoli_Inv5600.jpg

[45] https://commons.wikimedia.org/wiki/File:Pyrrhus.JPG

[46] *Foto ampliada.* https://commons.wikimedia.org/wiki/File:Alma-tadema-antony-cleopatra.jpeg

[47] *Original: Andre Engels Vector: Wimmel, CC BY-SA 3.0* <http://creativecommons.org/licenses/by-sa/3.0/>*, vía Wikimedia Commons;* https://commons.wikimedia.org/wiki/File:Pythagorean_theorem_abc.svg

[48] *Fuente: user:shakko, CC BY-SA 3.0* <https://creativecommons.org/licenses/by-sa/3.0>*, vía Wikimedia Commons:* https://commons.wikimedia.org/wiki/File:Hippocrates_pushkin02.jpg

[49] *Foto ampliada. Fuente: Steve Swayne, CC BY 2.0* <https://creativecommons.org/licenses/by/2.0>*, vía Wikimedia Common:* https://commons.wikimedia.org/wiki/File:The_Parthenon_in_Athens.jpg

[50] *Drummyfish, CC0, vía Wikimedia Commons:* https://commons.wikimedia.org/wiki/File:Platonic_Solids_Transparent.svg

[51] *Foto ampliada. Fuente: ZDF/Terra X/Gruppe 5/ Susanne Utzt, Cristina Trebbi/ Jens Boeck, Dieter Stürmer / Fabian Wienke / Sebastian Martinez/ xkopp, polloq, CC BY 4.0* <https://creativecommons.org/licenses/by/4.0>*, vía Wikimedia Commons:* https://commons.wikimedia.org/wiki/File:Archimedes%27-Lever.png

[52] https://commons.wikimedia.org/wiki/File:Pi_eq_C_over_d.svg

www.ingramcontent.com/pod-product-compliance
Lightning Source LLC
Chambersburg PA
CBHW070334010526
44107CB00004B/501